Mein großes Bastelbuch

Die schönsten Ideen vom Bastelbär

Zusammengestellt von Ulla Minje

Ravensburger Buchverlag

Die Deutsche Bibliothek – CIP-Einheitsaufnahme
Ein Titeldatensatz für diese Publikation ist bei
Der Deutschen Bibliothek erhältlich

Die Beiträge in diesem Buch haben ausgedacht und
beschrieben:
Almuth Bartl, Sabine Cuno, Dorothea Cüppers, Elke
Dannecker, Elisabeth Gloor, Barbara Grijpink, Gisela
Härter, Bertrun Jeitner-Hartmann, Martin Michalski,
Ulla Minje, Monika Neubacher-Fesser, Ines Radionow,
Ulrike Teiwes-Verstappen

Gezeichnet haben:
Achim Ahlgrimm, Christl Burggraf, Dorothea Cüppers,
Ekkehard Drechsel, Cornelia Funke, Barbara Grijpink,
Kirsch & Korn, Monika Neubacher-Fesser, Doris Rübel

Fotografiert haben:
Martin Birmele, Barbara Bräuning, Jürgen Buchter,
Ernst Fesseler, Barbara Grijpink, Jens Nagels, Monika
Neubacher-Fesser, Ulrike Schneiders, Michael Wehrle
und Manfred Wigger

Die Bastelbär-Bilder malte Cornelia Funke-Frahm.

© 2000 Ravensburger Buchverlag Otto Maier GmbH
Alle Rechte, auch die des auszugsweisen Nachdrucks, der
fotomechanischen Wiedergabe und der Übersetzung,
vorbehalten.
Hrsg.: Ulla Minje
Umschlaggestaltung: Dirk Lieb
Redaktion: Heike Mayer
Printed in Slovenia

4 3 2 1   00 01 02 03

ISBN 3-473-37498-9

Inhalt

Vorwort 7

Kinderpartys
Piratenfest **10**
Flaschenpost 10
Piratenhut 11
Augenklappe 12
Trinkhalme mit Namen 12
Bananenpalme 14
Piratenschiffe zum Essen 15
Goldketten 16
Schatzsuche 16
Schatzkiste 18
Wettsegeln 19
Überraschungspalme 21
Piraten auf dem Finger 23
Ritterparty **24**
Burggeheimnis 24
Ritterhelm 25
Schwert und Schild 26
Kettenhemd 28
Burgdamenhüte 28
Jedem Ritter seinen Becher 29
Ritter Leopolds Krafttrunk 29
Drachen-Schlemmer-Spieße 30
Ritterburger 32
Landeinnahme mit Blasrohr 32
Burgeroberung 33
Burgherrenorden 34
Burgdüfte und Spürnase 36
Eine Kerze für den Heimweg 37
Geisterparty **38**
Einladung von Geisterhand 38
Platzsuche auf Geisterart 38
Gespensterflöte 39
Schaurige Geräusche 40

Verkleiden und Schminken 42
Zappelgespenst 43
Gruselspinne 44
Riesenameise 45
Schattenspuk 46
Monsterlampe 47
Leuchtender Hohlkopf 48
Gefüllte Gespenster 49
Knusper-Knochen 49
Das schlürfen Geister 50
Gruselgalerie 51
Gespenster-Kegeln 52
Noch mehr Geisterspiele 53

Bald ist Ostern **55**
Ostergrüße 56
Klammerhasen 57
Osterblume 58
Zimmerschmuck 59
Hefeteighasen 60
Osternachtisch 62
Osterwiese 63
Bunte Ostereier 64
Tiereier 65
Kugelhase 67
Pappmaché-Hase 68
Tierketten 70
Spiele zu Ostern 71

Erster Bastelspaß	**73**
Schiffchen	74
Rennwagen	75
Gespensterchen	76
Fingerpuppen	77
Schattentheater	78
Bild mit Zuckerkreide	79
Halskette	79
Leuchtglas	80
Bildchen	80
Webbild	81
Wurfspiel	82
Sockenschlange	83
Tiermasken	83
Puzzle	84
Blumenstempel	84
Kleine Welt im Glas	86
Blumen aus Papier	87

Falten und Spielen mit Papier	**89**
Faltregeln und Faltsymbole	90
Schnappschnabel	91
Klatsche	92
Trinkbecher	93
Schachtel mit Deckel	94
Rechteckige Schachtel	96
Geldtasche	98
Schwan	99
Doppelschiff	100
Segelschiff	102
Schmetterlinge	102
Fliegende Schwalbe	105
Häuser	106
Bäume	108
Stadtmauer und Tor	109

Spiel und Spaß im Freien	**111**
Windspiel	112
Wurf- und Fangtrichter	113
Bärenstarkes T-Shirt	114
Kirschkernspucken	116
Murmeln	117
Sonnenblumenbrötchen	118
Chamäleonsuche	120
Flatterball	121
Schmetterlinge fangen	122
Minigarten	124
Steinkiste	125

Im Wald	**127**
Haus	128
Allerlei Gestalten	128
Bäume	130
Schlange	130
Marionetten	131
Hängematte	132
Mikado	134
Floß	134
Rindenschiff	135
Regal	136
Hängebrücke	136

Basteln mit Salzteig	**139**
Salzteigrezept und Tipps	140
Allerlei Tiere	141
Kakteen und Blumen	142
Stern-Mobile	143
Bilderrahmen	144
Abdrücke	146
Schmuck	147
Spielfiguren	148
Magnethefter	150
Geschenkanhänger	151

Für kleine Indianer	**153**
Häuptlingsschmuck	154
Stirnband	155
Ketten	156
Pferd	158
Bogen	159
Köcher	160
Pfeile	160
Beil und Speer	162
Rassel	163
Trommel	164
Friedenspfeife	165
Tabaksbeutel	166

Ferien am Meer	**169**
Sonnenschild	170
Fernglas und Fernrohr	171
Schiffe, Boote, Leuchtturm	172
Schlüsselanhänger	175
Buddelschiff	176
Flatternde Bänder und Fahnen	178
Landschaftsbilder	178
Setzkasten	179
Erlebnisschachteln	180
Sand- und Strandspiele	182
Strandmobile	183

Basteln mit Holz	**185**
Werkzeug	186
Werkbank	186
Garderobenständer	187
Schiffe	189
Wasserrad	190
Autos	191
Spieldörfer	192

Alles aus Papiermaché	**195**
Tipps	196
Angelspiel	197
Fingerpüppchen	197
Lustige Pappnasen	198
Buntstift-Aufstecker	200
Schmucksteine	200
Geheimschachteln	201
Allerlei Gefäße	202
Zierkorken	204
Bunter Schmuck	204
Mosaikbildchen	205
Kaufmannsladen	206

Hokuspokus – Zauberspaß	**209**
Zauberregeln	210
Zauberkrone	210
Zauberumhang	211
Meine Zauberpalme	211
Schwebender Zauberstab	213
Der Flaschenkobold	214
Geisterschachteln	215
Zauberfisch	216
Magisches Fernrohr	217

Kastanien, Eicheln, Blätter ...	**219**
Alle meine Tiere	220
Alles aus Blättern	223
Schmetterlings-Mobile	226

Laternen	**229**
Kleine Kerzenkunde	230
Bunte Schmetterlinge	230
Vogel Flieg	232
Marienkäfer	233
Fröhliches Schweinchen	234
Laternenlieder	234
Partyteller-Lampions	236
Kleisterköpfe	238
Kürbisköpfe	241
Adventskalender	**243**
Schneemann-Kalender	244
Tannenbaum-Kalender	245
Überraschungswichtel	248
Adventspäckchen	249
24 kleine Knusperzwerge	250
Vogelhaus-Kalender	252
Gefüllte Sterne und Äpfel	254
Bald ist Weihnachten	**257**
Überraschungsnikolaus	258
Glaslaterne	259
Tannenbaumkarte	260
Schneemann- und Engelsgrüße	261
Sternenlichter	263
Sterne, Sterne, Sterne	264
Tanzende Engel	268
Lichterspiel	270
Süße Schneebälle	271
Bastelbärs Glühpunsch	271
Weihnachtskrippen	**273**
Naturkrippe mit Astfiguren	274
Krippenfiguren aus Zapfen	276
Eine große bunte Krippe	279
Register nach Altersstufen	**286**

Egal, ob du eine Party planst, Geschenke und Festschmuck für Ostern oder Weihnachten vorbereiten möchtest, gerne mit Papier faltest oder bald in die Ferien fährst, mit diesem Buch hast du garantiert Bastelspaß fürs ganze Jahr!

Bevor du jetzt gleich loslegst, hier noch ein paar wichtige Tipps:

Abpausen: Bei einigen Bastelvorschlägen findest du Pausmuster zum Abpausen. Lege dazu Butterbrotpapier auf das Pausmuster und zeichne das Muster mit einem weichen Bleistift ab. Butterbrotpapier wenden, auf die Rückseite des Bastelmaterials legen und die Umrisse noch einmal kräftig nachfahren, fertig.

Werkzeug: Holz bearbeitest du z. B. mit einer Säge; mit einem scharfen Messer schneidest du Bastelmaterial wie Papprollen, Karton oder Korken; Kastanien und Eicheln werden mit einem Milchdosenöffner angebohrt. Denke immer daran, nur gutes und einwandfreies Werkzeug zu verwenden und dir den Umgang damit von einem Erwachsenen zeigen zu lassen! Lasse dir bei etwas schwierigeren Bastelarbeiten von einem Erwachsenen helfen.

Naturmaterial: Beim Sammeln von Naturmaterial solltest du immer nur das mitnehmen, was du am Boden findest. Vorsicht beim Basteln mit Beeren! Diese sind oft giftig, also niemals essen!
Im Buch findest du zwei Weihnachtskrippen aus Naturmaterial. Wenn du diese basteln möchtest, denke daran, frühzeitig genug mit dem Sammeln anzufangen.

Register: Am Ende des Buches findest du eine Übersicht, die dir sagt, welche Bastelarbeiten für welches Alter geeignet sind. Bei den Basteleien mit diesem Zeichen ⚘ lässt du dir am besten von einem Erwachsenen helfen. Und wenn du gerne mit anderen Kindern gemeinsam bastelst, gibt es auch hierfür Vorschläge.

Nun wünsche ich dir viel Spaß beim Basteln und Spielen!

Dein Bastelbär

Kinderpartys – für kleine Piraten, Ritter und Gespenster

Von der Einladung bis zu den Spielideen – auf den folgenden Seiten findest du alles, was du für ein gelungenes Piraten-, Ritter- und Geisterfest brauchst!

Piratenfest

Flaschenpost

MATERIAL
- grünes Pergamentpapier
- weißes Papier
- Karton
- Schere
- Klebstoff
- Wollreste
- weicher Bleistift

Wie erfahren deine Piratenfreunde von dem geplanten Piratenfest? Natürlich durch eine Flaschenpost.

Übertrage die Umrisse der Flasche auf Karton und schneide sie aus. Falte ein 16 x 16 cm großes Quadrat aus grünem Pergamentpapier in der Mitte. Lege die ausgeschnittene Flasche darauf unten. Klebe noch einen Papierstreifen mit dem Umriss nach.

Schneide die beiden Flaschen aus und klebe sie an den Seiten und unten zusammen.

Den Einladungstext schreibst du auf einen etwa 12 x 8 cm großen Zettel. Diesen rollst du zusammen, bindest einen Wollfaden darum und steckst ihn in die Flasche. Damit die Flaschenpost auch beim richtigen Seeräuber ankommt, klebst du am besten noch ein Schildchen mit dessen Name auf die Flasche.

Piratenhut

MATERIAL
- **Packpapier**
- **Hutgummi**
- **Stopfnadel**
- **Schere**
- **Filzstift**

Wie wäre es, wenn du zur Begrüßung jeden deiner Gäste mit einem Piratenhut überraschst? Er ist ganz einfach zu basteln.

Du brauchst für einen Hut Packpapier in der Größe eines doppelten Zeitungsblatts, also 57 x 80 cm groß. Wie dieses zu einem Hut gefaltet wird, siehst du auf den Zeichnungen unten. Klebe noch einen Papierstreifen mit dem Namen deines Freundes an die Hutspitze.

Damit der Hut beim Spielen auch auf dem Kopf bleibt, befestigst du rechts und links einen Hutgummi (Länge ca. 40 cm). Dazu stichst du mit einer Stopfnadel, in die der Gummifaden eingefädelt ist, durch die Seiten des Hutes und verknotest die Enden jeweils.

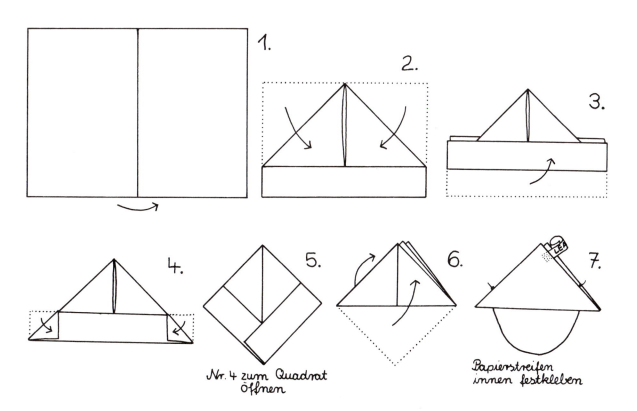

Nr. 4 zum Quadrat öffnen

Papierstreifen innen festkleben

Augenklappe

MATERIAL
- schwarzer Filz
- Hutgummi
- Schere
- weißer Buntstift
- Stopfnadel

Was wäre ein Pirat ohne Augenklappe! Sie ist noch schneller und einfacher zu basteln als der Piratenhut.
Bekommt jeder deiner Gäste eine?

Übertrage die Umrisse der Augenklappe auf Karton und schneide sie aus. Lege diese Schablone auf schwarzen Filz und umrande sie mit einem weißen Buntstift. Jetzt noch ausschneiden und rechts und links ein Gummiband befestigen. Fertig ist die Augenklappe.

Trinkhalme mit Namen

MATERIAL
- buntes Papier
- Trinkhalme
- Schere
- Klebstoff
- Filzstift

Damit jeder Pirat während des Fests seinen Trinkbecher wiederfindet, kannst du Fähnchen mit den Namen deiner Gäste basteln. Diese werden dann auf Trinkhalme geklebt.

Falte buntes Papier in der Mitte und schneide von der Faltkante aus eine Fahne aus. So erhältst du zwei Fahnenhälften. Bestreiche die Innenseiten mit Klebstoff, lege den Trinkhalm in die Mitte und klebe die beiden Fahnenhälften um den Trinkhalm herum aufeinander. Jetzt fehlt nur noch ein Name auf dem Fähnchen.

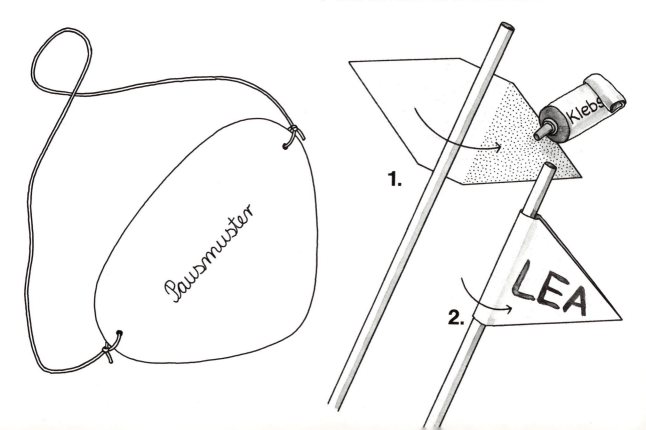

Bananenpalme

MATERIAL
- braunes und gelbes Tonpapier
- grünes Kreppapier
- Schere
- Klebstoff
- schwarzer Filzstift

Eine Bananenpalme als Tischdekoration – warum nicht? Du kannst sie leicht selber basteln.

Schneide aus braunem Tonpapier ein 30 x 21 cm, aus grünem Kreppapier ein 60 x 21 cm großes Rechteck zurecht (1). Falte das Kreppapier zur Hälfte und klebe es an einer seiner längeren Kanten aufeinander (2).

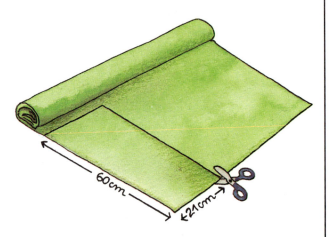

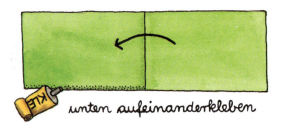

Bestreiche nun den Rand der längeren Seite des braunen Papiers mit Klebstoff und klebe das Kreppapierstück daran.

Schneide das Kreppapier kammartig ein.

Rolle alles zu einem Rohr und klebe es am äußeren Ende zusammen. Übertrage die Umrisse der Banane mehrmals auf gelbes Tonpapier, schneide sie aus, male sie mit schwarzem Filzstift an und klebe sie an verschiedene Palmwedel.

Piratenschiffe zum Essen

MATERIAL
- Backpapier
- farbiges Papier
- Zahnstocher
- schwarzer Filzstift

Zutaten:
170 g Butter oder Margarine
1 Päckchen Vanillezucker
1 Prise Salz
170 g Zucker
3 Eier
340 g Mehl
¾ Päckchen Backpulver
⅛ l Milch

Auch Piraten mögen Kuchen, und wenn der dann auch noch wie ihr Schiff aussieht…

Für die Segel schneide farbiges Papier in 5 x 5 cm große Quadrate. Male mit Hilfe der Pausvorlage in die Mitte jeweils einen Totenkopf. Durchbohre das Papiersegel an den markierten Punkten und stecke einen Zahnstocher durch.

Und so geht der Teig: Rühre Margarine oder Butter mit Zucker und Vanillezucker in der Rührschüssel schaumig, dann die aufgeschlagenen Eier unterrühren. Mehl, Backpulver, Salz sorgfältig vermischen und zusammen mit der Milch dazugeben. Backofen auf 180 °C vorheizen. Lege ein Backblech mit Backpapier aus und streiche den Teig gleichmäßig darauf. Auf mittlerer Schiene ca. 30 Minuten backen. Den Kuchen abkühlen lassen, in Rauten schneiden und die einzelnen „Schiffe" vorsichtig vom Blech nehmen. Jeweils ein Segel aufstecken.

so aufschneiden

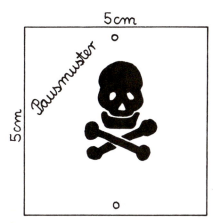

Goldketten

MATERIAL
- 1 Rolle Goldpapier
- Schere
- Klebstoff
- Faden

Goldketten sind tolle Preise bei Gewinnspielen.

Oder aber jeder deiner Gäste bastelt sich während des Piratenfestes selber eine. Vielleicht schneidest du zuvor schon einmal die Papierstreifen zu.

Für eine Gliederkette brauchst du etwa 60 Goldpapierstreifen, die ca. 1,5 x 8 cm groß sind. Klebe die Streifen zu Ringen zusammen und hänge sie dabei jeweils in das vorherige Glied der Kette.

Das Ende der Streifen mit Klebstoff bestreichen und andrücken. Nachdem du die Streifen vom Bleistift gezogen hast, fädelst du sie auf einen Faden auf und knotest diesen zur Kette zusammen.

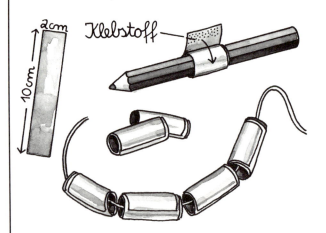

Schatzsuche

MATERIAL
- faustgroße glatte Steine
- dicker schwarzer Filzstift
- Pauspapier (Kohlepapier)

Was wäre ein Piratenfest ohne Schatzsuche? Das wichtigste dabei ist natürlich ein toller Schatz. Wenn ihr alle zusammen sucht, sollte jeder einen Anteil am Schatz bekommen! Wie du eine Schatzkiste basteln kannst, siehst du auf Seite 18.

Bei der Schatzsuche bekommen deine Piraten Botschaften in Form von Steinen. Auf diese sind Hinweisbilder gemalt, an welchem Ort als nächstes gesucht werden muß.

Diese Orte sollten eindeutig sein, also möglichst nur einmal oder zumindest nicht allzuoft in eurer Wohnung vorkommen.

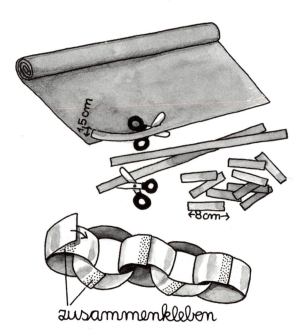

Es gibt aber noch eine andere Möglichkeit, Goldketten zu basteln. Dazu brauchst du Papierstreifen, die etwa 2 x 10 cm groß sind. Diesmal werden die Streifen um einen Bleistift gerollt.

Hier sind einige Symbole, die du auf deine Steine übertragen und anschließend mit Filzstift nachzeichnen kannst.

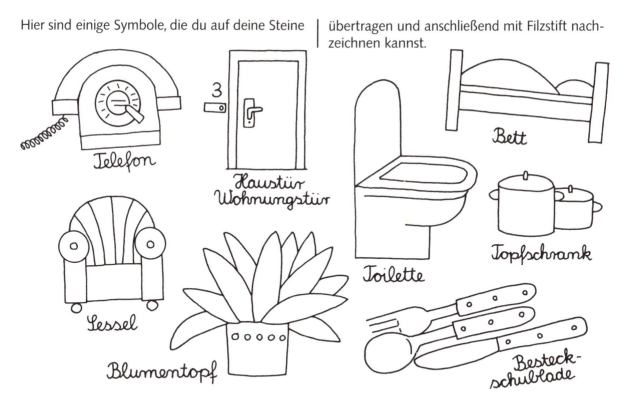

Spielregel:
Ein Außenstehender (Vater, Mutter) versteckt die Steine wenn möglich vor Beginn des Festes. Auf dem ersten Stein, den die Gäste gezeigt bekommen, sieht man den Ort, wo der zweite Stein versteckt ist. Auf diesem sieht man wiederum den Ort, wo als nächstes zu suchen ist usw. Der letzte Stein führt zum Schatz.

Schatzsuche

MATERIAL
- Schuhkarton
- braune Plaka- oder Deckfarbe
- gelbes Papier
- schwarzer Filzstift
- Schere

Am Ende jeder Schatzsuche wartet die Schatzkiste. Hier ist beschrieben, wie du eine basteln kannst.
Entferne von einem Schuhkarton die Klebeetiketten. Male den Schuhkarton innen und außen mit brauner Farbe an. Wenn die Farbe getrocknet ist, male mit einem schwarzen Filzstift Linien auf, die an eine Holzmaserung erinnern. Übertrage das Schloß zweimal auf gelbes Papier. Ziehe die Linien mit dem Filzstift nach und schneide die Schlösser aus. Klebe sie auf die Vorderseite der Kiste.
Du kannst dir auch größere Schatzkisten basteln, indem du einfach größere Kartons nimmst und bemalst.

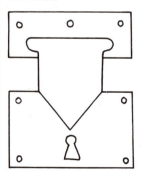

Pausmuster

Kürze einen Schaschlikspieß auf 15 cm und zwei auf 13 cm Länge.
Schneide aus weißem Papier Quadrate zurecht für die Segel: eines 10,5 x 10,5 cm und zwei 8 x 8 cm groß. Stich in jedes Segel mit der Schere zwei kleine Löcher: jeweils in der Mitte oben und unten mit einem Abstand zum Rand von 0,5 cm. Stecke jeweils einen Schaschlikspieß durch diese Löcher.

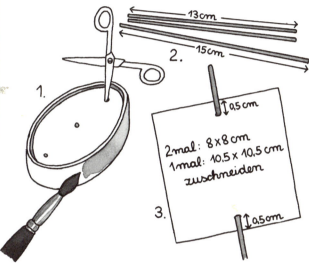

Wettsegeln

MATERIAL
je Schiff:
- Unterteil einer ovalen Käseschachtel
- 3 Schaschlikspieße
- weißes Papier
- Filzstift
- Wollfaden, ca. 4 m lang
- Rundstab, ca. 30 cm lang
- Stopfnadel
- Schere
- Plaka- oder Deckfarbe

Schneide mit Hilfe des Pausmusters kleine Fähnchen aus Papier, male sie an und klebe sie oben am Schaschlikspieß fest. Stecke die fertigen Masten in die vorbereiteten Löcher im Schiffsrumpf. Befestige vorn am Schiff einen Wollfaden,

Welches Schiff segelt am schnellsten? Da alle Schiffe genau baugleich sind, kommt es auf die Geschicklichkeit der Kapitäne an.

Male das Unterteil einer ovalen Käseschachtel farbig an. Bohre oben drei Löcher für die Masten: eines in der Mitte, eines vorn und eines hinten.

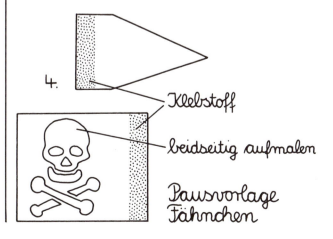

indem du mit einer Nadel den Rumpf durchbohrst und den Faden von innen mit einem dicken Knoten am Herausrutschen hinderst. Das andere Fadenende knotest du am Rundstab fest.

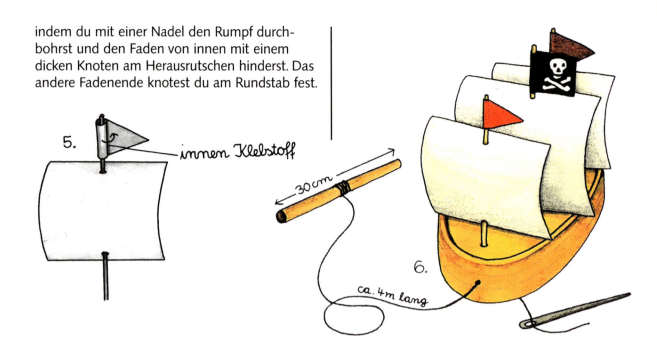

Spielregel:
An dem Wettsegeln können sich so viele Spieler beteiligen, wie Schiffe vorhanden sind. Alle Schiffe werden nebeneinander auf eine (gedachte) Linie gesetzt. Die Schnüre werden parallel nebeneinander auf den Boden gelegt. Jeder Mitspieler greift sich den Rundstab eines Schiffes, und beim Startsignal wickelt er so schnell er kann durch Drehen des Stabes sein Schiff zu sich heran.

Überraschungspalme

MATERIAL
- 1 Bogen brauner Tonkarton
- 1 Rolle grünes Kreppapier
- buntes Papier (Origami)
- Schere
- Klebstoff

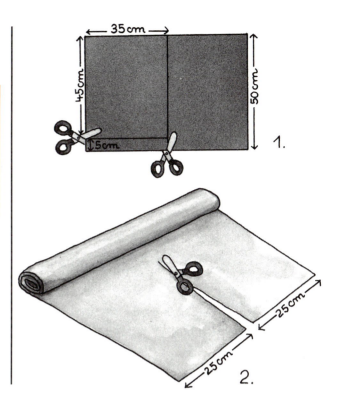

Diese Palme ist keine gewöhnliche Palme. Sie trägt bunte Kokosnüsse, und die Früchte bereiten euch bestimmt viel Spaß!

Schneide einen Bogen Tonkarton auf eine Größe von 35 x 45 cm zurecht. Zerschneide eine Rolle grünes Kreppapier in der Mitte, so daß zwei lange Streifen von 25 cm Breite entstehen. Schneide diese in 35 cm breite Stücke.

Dann klebe sie alle einzeln an den oberen Rand des braunen Kartons. Schneide das Kreppapier kammartig in ca. 4 cm breite Streifen. Rolle den Karton zu einem Rohr und klebe ihn am äußersten Ende zusammen. Dazu schiebst du am besten deinen Arm in die Rolle und drückst mit seinem ganzen Gewicht einige Zeit auf die Klebenaht.

Für die Kokosnüsse zerknülle buntes Papier (ca. 10 x 10 cm groß) zu Bällen, doch zuvor mußt du kleine Aufgaben auf die Zettel schreiben. Einige Beispiele findest du am Schluß. Befestige die Papierbälle mit einem kleinen Punkt Klebstoff oben am Baumstamm.

Stülpe die Palme über eine volle Flasche oder eine Konservenbüchse, damit sie fest steht.

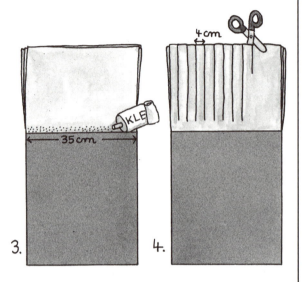

Spielregel:
Der erste Spieler pflückt sich vorsichtig eine Kokosnuß von der Palme. Er streicht den Zettel glatt, liest die Aufgabe (oder läßt sie sich vorlesen) und macht, wozu er aufgefordert worden ist. Dann pflückt sich der nächste Spieler eine Kokosnuß mit einer Aufgabe, die er zu erfüllen hat.

Einige Anregungen für Aufgaben:
- Mach mal vor, wie ein Wolf heult!
- Setz dich im Schneidersitz auf den Boden!
- Beende den Satz: Der Papa von Malte kommt nach Hause und …
- Geh und hole einen Stein!
- Zieh deinen rechten Strumpf aus!
- Hüpfe auf einem Bein durch das Zimmer!

Piraten auf dem Finger

MATERIAL
- weißes Papier
- bunte Stifte
- Schere
- Klebstoff

Was hältst du von Fingerpuppen-Piraten für jeden – zum Spielen, bevor die Kuchenschlacht losgeht, oder aber als Preise für spätere Gewinnspiele?

Übertrage Vorder- und Rückenteil des Piraten auf weißes Papier. Male die beiden Teile mit bunten Stiften an, schneide sie aus und klebe sie an den Rändern zusammen. Unten mußt du eine Öffnung lassen, denn da soll ja dein Finger hinein.

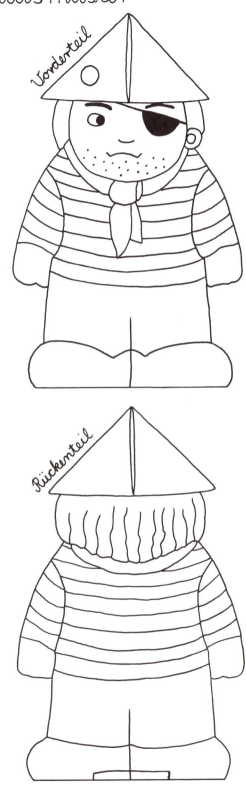

Pausmuster

Ritterparty

Burggeheimnis

> **MATERIAL**
> - leere Streichholzschachtel
> - Buntpapier
> - Pauspapier
> - brauner Fotokarton
> - 10 x 10 cm großes dünnes, farbiges Papier
> - Streichholz ohne Kopf
> - Filzstifte
> - Klebstoff
> - Schere

Auf Burg Falkenstein wird ein Fest gegeben. Damit die feindlichen Ritter keinen Wind davon bekommen, wird die Einladung gut getarnt übergeben.

Schneide aus dem Buntpapier zwei Streifen in der Größe der Streichholzreibefläche und klebe sie auf. Pause die Burgform ab und schneide sie zweimal aus braunem Fotokarton aus.

Dann die ausgeschnittenen Teile bemalen und auf beide Seiten der Streichholzschachtel kleben. Den Einladungstext schreibst du auf das 10 x 10 cm große Papier. Falte das Papier so klein, dass es in das Geheimfach, die Schublade der Streichholzschachtel, passt.

Damit das Burggeheimnis auch beim richtigen Ritter ankommt, klebst du eine Fahne mit dessen Namen an die Zinnen. Dafür überträgst du die Fahnenform auf ein gefaltetes Blatt Bunt-

papier und schneidest sie aus. Auf die Fahne schreibst du den Namen des Gastes und klebst sie mit dem Streichholz an die Zinne.

Ritterhelm

MATERIAL
- graues Tonpapier
- Lineal
- Schere
- Hefter
- grauer Fotokarton
- Filzstifte

Als richtiger Ritter musst du natürlich einen Ritterhelm tragen. Das Wappen am Helm ist dein Erkennungszeichen.
Wenn du für jeden Gast fünf etwa 60 cm lange und 3 cm breite Streifen aus grauem Tonpapier vorbereitest, kann sich jeder seinen Ritterhelm basteln.

Für das Schwert zeichnest du die zwei Teile auf die feste Pappe. Dann schneidest du sie mit dem Papiermesser aus, lass dir auch hierbei helfen, und klebst sie zusammen. Danach verschnürst du den Schwertgriff mit der Paketschnur. So hält das Ganze besser und sieht echter aus.

Mit dem Tonpapierstreifen misst du deinen Kopfumfang. Dann legst du die Enden übereinander und heftest sie zusammen.
Das eine Ende des zweiten Streifens heftest du vorne in der Mitte fest, das andere Ende hinten in der Mitte. Die anderen Streifen befestigst du wie auf der Abbildung gezeigt. Am besten geht das, wenn ein Ritter dem anderen hilft.

Pause die Wappenform ab, übertrage sie auf den Fotokarton und schneide sie aus. Mit den Filzstiften kannst du nun dein ganz persönliches Rittererkennungszeichen auf die Wappenform malen. Dann heftest du sie vorne an den Helm.

Schwert und Schild

MATERIAL
- feste Pappe
- dicke Kordeln
- Paketschnur
- Plakafarbe
- Pinsel
- Bleistift
- Klebstoff
- Papiermesser

Male die Schildform auf die feste Pappe und schneide sie mit dem Papiermesser aus. Lass dir dabei von einem Erwachsenen helfen. Jetzt bohrst du vier Löcher in den Schild, wie auf der Abbildung gezeigt. Die eine Seite des Schildes bemalst du mit deinem Wappen. Wenn die Farbe getrocknet ist, ziehst du die Kordel durch die Löcher und verknotest die Enden auf der Rückseite.

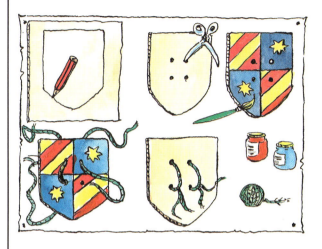

Kettenhemd

MATERIAL
- Noppenfolie
- Gürtel oder Schal
- Lineal
- dicker Filzstift

Unvorstellbar, ein Ritter ohne Kettenhemd! Es ist schnell und einfach zu basteln.

Um das Kettenhemd über den Kopf ziehen zu können, faltest du das Rechteck und schneidest in der Mitte an der Bruchstelle einen Halbkreis heraus. Mit einem Gürtel oder einem Schal um die Taille wird das Kettenhemd zusammengehalten.

Burgdamenhüte

MATERIAL
- farbiger Karton
- Gummiband (Nähgummi)
- buntes Krepppapier
- Nadel
- Perlen
- Schere
- Klebstoff

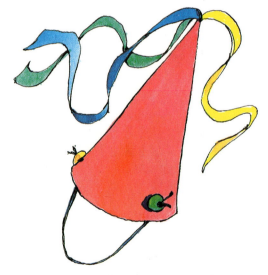

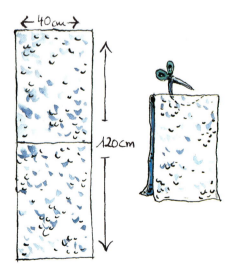

Du überträgst dafür einfach die Maße auf die Noppenfolie und schneidest das Rechteck aus.

Die Grundform auf den Karton zeichnen, ausschneiden und zusammenkleben. An zwei Seiten mit einer Nadel ein Loch einstechen, Gummiband durchziehen und die Enden mit den Perlen verknoten.
Streifen aus dem Krepppapier schneiden und als Verzierung in die Spitze des Hutes klemmen.

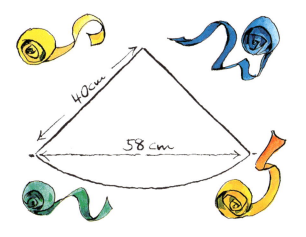

Getränke bereit. Es ist nicht üblich, Bestecke zu benutzen. Die Speisen werden mit den Fingern gegessen. Die besten Bissen schieben sich die Festgäste gegenseitig in den Mund.

Damit die Festgäste während der Feier nicht ihre Trinkbecher vertauschen, malt jeder Gast sein Wappenzeichen auf ein Etikett, schneidet es aus und klebt es auf den Becher.

Ritter Leopolds Krafttrunk

ZUTATEN
- 1 Liter schwarzer Johannisbeersaft
- Saft von 3 Zitronen
- 4 Esslöffel Honig
- $1/4$ Liter warmes Wasser
- 1 Liter Mineralwasser

Jedem Ritter seinen Becher

MATERIAL
- Trinkbecher
- weiße Etiketten
- Buntstifte / Filzstifte
- Schere

Den Honig im warmen Wasser auflösen. Johannisbeersaft und Zitronensaft dazugeben und gut mischen. Mit dem Mineralwasser auffüllen.

Die Rittertafel wird im vornehmsten Raum der Burg, im Rittersaal, gedeckt. Auf einem langen Tisch mit Tischtuch stehen die Speisen und

Drachen-Schlemmer-Spieße

MATERIAL
- dünner Karton
- Pauspapier
- Bleistift
- Schere
- Klebstoff
- Holzspieße

Eine Köstlichkeit besonderer Art sind die Schlemmer-Spieße. Jeder Gast erhält seinen eigenen Drachen-Spieß.

Dafür musst du ein Stück dünnen Karton auf die Größe des unten abgebildeten Drachens falten und diesen darauf übertragen. Schneide ihn aus. Bestreiche die Innenflächen mit Klebstoff, lege den Holzspieß in die Mitte und klebe die beiden Drachenhälften zusammen. Mit welchen Leckerbissen die Schlemmer-Spieße bestückt werden können, siehst du rechts.

Zutaten:
*Käse, kleine Würstchen,
Fleischbällchen,
Bananen, Weintrauben,
Äpfel,
Salatgurken,
Tomaten,
Radieschen, Möhren,
Brötchen und Brezeln.*

Auf einem Teller wird der in Würfel geschnittene Käse mit den Würstchen und den Fleischbällchen angerichtet. Auf einen zweiten Teller häufst du das in Scheiben und Stücke geschnittene Obst und Gemüse.

Jeder Ritter kann sich nun nach eigenem Geschmack einen Drachen-Schlemmer-Spieß zusammenstellen. Dazu gibt es Brötchen und Brezeln.

Ritterburger

ZUTATEN
- Bauern- und Laugenbrötchen
- Salatblätter
- Frikadellen
- Gurken-und Tomatenscheiben
- Käsescheiben
- Ketschup, Mayonäse, Senf

Das aufgeschnittene Brötchen schichtweise mit Salatblättern, Frikadelle, Gurken- und Tomatenscheiben und einer Käsescheibe belegen.

Gewürzt wird der Ritterburger mit Ketschup, Mayonäse oder Senf.

Landeinnahme mit Blasrohr

MATERIAL
- Tonpapier
- Schere
- Klebstoff
- Krepppapier
- 9 Eierpaletten (für je 30 Eier)
- Plakafarbe und Pinsel
- farbige Wattekugeln von 1 cm Durchmesser (pro Gast 8 Kugeln von einer Farbe)
- Holzstäbchen
- Buntpapier
- Stickerbilder

Um ihre Geschicklichkeit auch in Friedenszeiten zu trainieren und um die Langeweile zu bekämpfen, haben sich die Ritter immer neue Spiele ausgedacht. Sehr beliebt war der Zeitvertreib mit dem Blasrohr.
Aus dem Tonpapier schneidest du ein 9 cm breites und 30 cm langes Stück aus. Dann drehst du es über einen Besenstiel und klebst es zu einer Rolle. Wenn es getrocknet ist, ziehst du den Besenstiel heraus. Aus dem Krepppapier schneidest du dünne Streifen und verzierst damit dein Blasrohr.

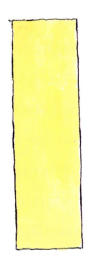 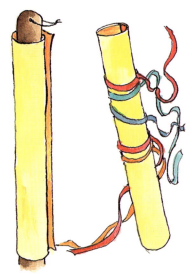

Die Eierpaletten sind die Länder, die erobert werden können. Dazu kennzeichnest du jede Eierpalette mit einer anderen Farbe.

Für jedes Land bastelst du ein Fähnchen. Dazu wickelst du Buntpapier um ein Holzstäbchen und klebst es fest. Die Fähnchen kannst du mit Stickerbildern verzieren und steckst sie dann in die Eierpaletten. Danach baust du die Paletten zu einem Quadrat auf der Erde auf.

Spielregel:
*Jeder Ritter hat ein Blasrohr und acht farbige Wattekugeln. Im Abstand von ca. einem Meter stellt sich der erste Kandidat auf und versucht, möglichst viele Kugeln in ein Feld zu blasen. Der Reihe nach versuchen nun die Ritter abwechselnd ihr Glück. Dann werden die Treffer gezählt. Wer am meisten Kugeln in ein Feld geblasen hat, ist der Eroberer und erhält das Landesfähnchen. Das Spiel wird so lange wiederholt, bis alle Fähnchen vergeben sind.
(Abwandlung: Die Ritter stellen sich mit mehr Abstand zu den Paletten auf und versuchen nun, durch Werfen der Wattekugeln ein Land zu erobern.)*

Burgeroberung

Möchtest du nicht auch einmal Burgherr sein? Hier hast du die Chance, durch Geschicklichkeit eine Burg zu erobern. Aber zuerst muss die Burg gebaut werden.

Du kannst sie ganz einfach aus einem Schuhkarton, einem Pappstreifen und Papprollen basteln, und das geht so: Auf einer Seite des Schuhkartons schneidest du fünf Burgtore aus.

MATERIAL
- großer Schuhkarton
- Pappstreifen
- Papprollen
- Klebstoff
- Schere
- Plakafarbe
- Pinsel
- Filzstift
- Band
- 5 Murmeln pro Mitspieler
- Papier und Bleistift

Dann klebst du die Papprollen als Ecktürme an. Die Zinnen schneidest du aus dem Pappstreifen und klebst ihn über die Vorderfront an den Schuhkarton. Achte darauf, dass die Burgtorfront frei bleibt. Danach malst du deine Burg an. Wenn die Farbe trocken ist, schreibe die Ziffern über die Burgtore, wie auf der Abbildung unten gezeigt.

Spielregel:

Die Ritter sitzen hinter dem Burggraben (Band), etwa zwei Meter von der Burg entfernt. Jeder Spieler erhält fünf Murmeln. Ein Spieler wird zum Burgherrn gewählt.

Die Ritter versuchen nun abwechselnd, die Murmeln in die Burgtore zu zielen. Rollt die Murmel eines Ritters in ein Burgtor, wird die Punktzahl, die über dem Tor steht, vom Burgherrn notiert. Sieger und neuer Burgherr ist der Ritter mit der höchsten Punktzahl. Er erhält den Burgherrenorden und notiert in der nächsten Runde die Treffer.

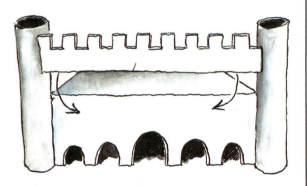

Burgherrenorden

MATERIAL
- runde Bierdeckel
- Goldfolie
- Schere
- Klebstoff
- Geschenkband
- goldene Schokoladenmünzen

Die Bierdeckel mit der Goldfolie bekleben und mit den goldenen Schokoladenmünzen verzieren.

Vom Geschenkband 80 cm abschneiden. Die Geschenkbandenden auf die Rückseite des Ordens kleben.

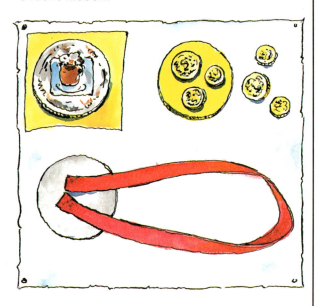

Schneide mit der Zackenschere 15 x 15 cm große Quadrate aus den Stoffresten. Dann füllst du die Stoffreste mit je einem Gewürz oder einer Kräuterart. Mit den Bindfäden schließt du die Stoffreste zu kleinen Säckchen.

Burgdüfte und Spürnase

MATERIAL
- Stoffreste
- Zackenschere
- Band
- Gewürze und Kräuter (z. B. Nelken, Zimt, Lavendel, Rosenblätter, getrocknete Zitronenschalen usw.)

Wusstest du, dass es zur Zeit der Ritter auf den Burgen nicht gerade sehr gut gerochen hat? Es gab noch keine Müllabfuhr. Der Abfall lag überall herum und stank entsetzlich. Deshalb hatten die Burgbewohner gern kleine Duftsäckchen bei sich, an denen sie riechen konnten.
Hier kann sich jeder Ritter und jede Burgdame ein Duftsäckchen mit dem Lieblingsduft basteln.

Spielregel:
Nun sind die Spürnasen an der Reihe. Die edlen Damen und Herren sitzen im Kreis. In der Mitte liegen die Duftsäckchen. Jeder nimmt sich einen Duftsack und versucht, nach dem Geruch den Sackinhalt zu bestimmen. Danach darf sich jeder seinen eigenen Lieblingsduftsack zusammenstellen.

Eine Kerze für den Heimweg

MATERIAL
- Klopapierrollen
- buntes Krepppapier
- gelber Fotokarton
- rotes und gelbes Tonpapier
- Schere
- Klebstoff
- Pauspapier
- Bleistift
- kleine Überraschungen zum Füllen

Es ist Nacht geworden. Das Fest neigt sich dem Ende entgegen. Die Gäste machen sich für den Heimweg bereit und erhalten vom Burgherrn als Abschiedsgeschenk für den Heimweg eine Kerze.
Vorher dienten die Kerzen als Tischdekoration.

Die Papprolle beklebst du mit dem Krepppapier. Aus dem Fotokarton schneidest du einen Kreis von 8 cm und einen im Durchmesser der Papprolle aus.

Die Papprolle klebst du auf den größeren Kreis und füllst sie mit einer kleinen Überraschung. Den kleinen Kreis ritzt du wie auf der Abbildung ein und klebst ihn oben auf die Papprolle.

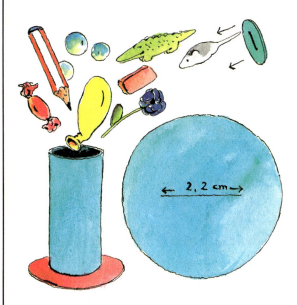

Die Kerzenflammen abpausen und je zweimal auf das Tonpapier übertragen. Die große und die kleine Flamme sollten unterschiedliche Farben haben. Ausschneiden und zusammenkleben. Die Kerzenflamme in die Ritze stecken.

Geisterparty

Einladung von Geisterhand

MATERIAL
- große, weiße Papierblätter
- weiße Christbaumkerze
- Kartoffelschäler
- Stift
- schwarzes Band oder Faden

Zu einer Gruselparty gehört natürlich auch eine gespenstische Einladung.

Spitze eine weiße Christbaumkerze mit dem Kartoffelschäler an und schreibe damit den Einladungstext in großen Buchstaben auf ein großes, weißes Blatt Papier.
Mit einem normalen Stift fügst du noch den Hinweis hinzu: „Bitte diese Seite mit Wasserfarbe anmalen!".
Wenn der Empfänger deiner Anweisung nachkommt, erscheint wie von Geisterhand der Text, weil die Wasserfarbe von der Wachsschrift abperlt.

Rolle das Papier zusammen und binde es mit einem schwarzen Band oder Faden zu.

Platzsuche auf Geisterart

MATERIAL
- weißer Karton
- Buntstifte

Auf welchem Stuhl oder Kissen deine Gäste Platz nehmen, wird in diesem Spiel entschieden.

Schneide für jeden Gast zwei etwa 5 x 5 cm große Kärtchen aus Karton zurecht. Male auf je zwei Kärtchen dasselbe Motiv. Pausmuster findest du auf der Seite nebenan.

Lege auf jeden Platz ein Kärtchen und verstecke die Partnerkärtchen im Zimmer.

Wenn die Gespenstergäste einschweben, müssen sie erst mal auf Suche gehen, bis sie ein Kärtchen gefunden haben. Dann ist auch klar, wo die Gespenster Platz nehmen, nämlich dort, wo ein Kärtchen mit demselben Motiv liegt.

Gespensterflöte

MATERIAL
- 1 Stück Papier (10 x 7 cm)
- Schere

Falte ein 10 x 7 cm großes Stück Papier in der Mitte.

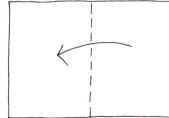

Schneide an der geschlossenen Seite in der Mitte ein kleines V-förmiges Stück heraus und falte die beiden offenen Seiten zur Hälfte zurück.

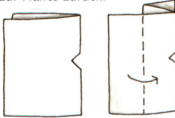

Und so wird die Gespenstermusik gemacht: Klemme die Flöte zwischen Zeige- und Mittelfinger, presse die Flöte an den Mund und blase fest gegen den Schlitz.

Das gruselige Pfeifen der Flöte kannst du gleich in deine Sammlung schauriger Geräusche aufnehmen. Die Gespensterflöte eignet sich aber auch prima als Preis.

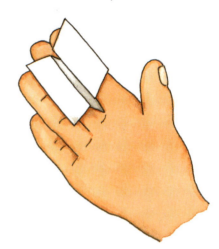

Schaurige Geräusche

Eine Kassette mit schaurigen Geräuschen ist für ein Geisterfest unentbehrlich. Hier einige Tips, wie du solche Geräusche machen kannst.

Über verschieden große Flaschenhälse blasen.

Mit Ketten rasseln.

Mit einem Blech knattern.

Mit feuchtem Finger am Weinglasrand entlangschlidern.

Fest in einen großen Blecheimer hauchen.

Tür knallen oder mit einer Tür quietschen.

Verkleiden und Schminken

Das Verkleiden und Schminken ist beim Gespensterspielen das allerschönste. Wie wäre es, deine Gäste aufzufordern, ihre Kostüme mitzubringen? Sich gemeinsam zu verkleiden und zu schminken macht nämlich einen Riesenspaß! Hier siehst du, was ihr alles gebrauchen könntet.

Das gelbe Vampirgebiß wird aus der Schale einer ungespritzten Pampelmuse zurechtgeschnitten.

Mit Haargel kannst du deine Haare in alle Richtungen abstehen lassen. Grau werden sie, wenn du Puder oder Mehl darüberstäubst.

Zappelgespenst

MATERIAL
- 1 Luftballon
- 1 Bettlaken
- Gummiband
- schwarzes Papier

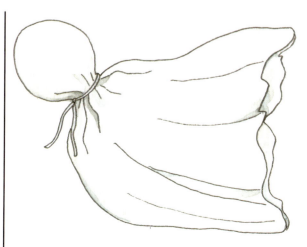

Für den Kopf blase den Luftballon auf und knote ihn zu. Lege ein Bettlaken darüber, wobei der Knoten nach oben schaut.

Das Laken bindest du unter dem Luftballon mit einem Stück Schnur ab. Aus schwarzem

Papier schneidest du dicke Gespensteraugen, eine Nase und den Mund aus und klebst sie auf.

Binde am Knoten des Luftballons ein Gummiband fest und befestige das andere Ende an der Zimmerdecke. Durch das Gummiband bleibt das Gespenst ständig in Bewegung. Wenn du willst, kannst du auch gleich mehrere Zappelgespenster im Zimmer aufhängen.

Gruselspinne

MATERIAL
- schwarzes Seidenpapier (¼ Bogen)
- vier Pfeifenreiniger

Zuerst knüllst du das Papier zu einem eiförmigen Spinnenkörper.

Dann nimmst du einen Pfeifenreiniger und bindest ihn fest um den Körper, um einen Kopf und ein dickes Körperteil anzudeuten.

Biege jedes Ende des Pfeifenreinigers als Spinnenbein erst nach außen und das letzte Stückchen nach unten.

Binde hinter dem ersten Beinpaar noch drei weitere Pfeifenreiniger auf die gleiche Weise um den Spinnenkörper, so daß insgesamt acht Beine entstehen. Wenn du möchtest, kannst du der Spinne noch monsterhafte Augen mit einem hellen Stift aufmalen oder ihr weiße Papierschnipsel als Augen aufkleben.

Gruselspinnen sind vielseitig verwendbar:

1. Spinnennetz in die Zimmerecke mit schwarzem Wollfaden weben und eine Gruselspinne ins Netz setzen.

2. Mehrere Gruselspinnen auf die Gespensterkleidung kleben.

3. Einen Drahtkleiderbügel zum Ring biegen, von der Zimmerdecke hängen lassen und viele Gruselspinnen an Gummifäden vom Drahtring baumeln lassen.

4. Trinkbecher der Gespenstergäste mit Spinnen dekorieren.

Riesenameise

MATERIAL
- schwarzes Seidenpapier (¼ Bogen)
- 3 Pfeifenputzer

Willst du zu der Gruselspinne noch die Riesenameise setzen?

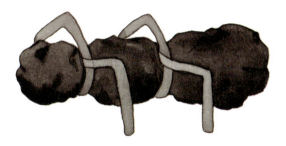

Wie bei der Gruselspinne wird zuerst der Körper geformt und mit dem ersten Beinpaar der Kopf „abgetrennt". Da der Ameisenkörper dreiteilig ist, biege nun das zweite Beinpaar ein Stück weiter hinten um den Körper, um das mittlere Körperglied vom Hinterteil zu trennen.

Das dritte Beinpaar bringst du gleich hinter dem zweiten an, so wie es die Abbildung zeigt.

Schneide aus der vorderen Kartonfläche ein Viereck aus, so daß nur noch ein stabiler Rahmen übrigbleibt.
Wenn du jetzt noch eine Taschenlampe in den Projektor legst, ist er startklar.

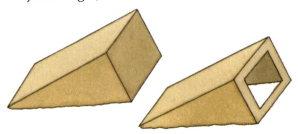

Schattenspuk

Die Dias
Schneide aus der Pappe mehrere Diascheiben zurecht. Jede sollte etwa so groß sein wie der Projektorrahmen. Male auf jede Pappscheibe ein geisterhaftes Bild (siehe Beispiele, auch auf Seite 39) und schneide die Konturen mit einer spitzen Schere aus.

MATERIAL
- Karton
- Pappe
- Sägemesser
- 2 Wäsche- oder Büroklammern
- kleine spitze Schere

Mit diesem selbstgebastelten Diaprojektor und den gruseligen Papp-Dias kannst du schaurige Schatten an die Wand werfen, was besonders toll als Dekoration auf einem Gespensterfest aussieht.

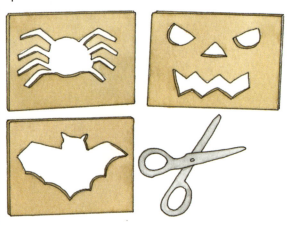

Der Projektor
Schneide den Karton mit dem Sägemesser diagonal in zwei Hälften. Laß dir dabei von einem Erwachsenen helfen.

Lege nun ein Dia in den Projektor ein und befestige es mit zwei Klammern am Rahmen.

Monsterlampe

MATERIAL
- 1 große Papiertüte
- Bleistift
- dicker schwarzer Filzstift
- spitze Schere
- Taschenlampe
- kurzes Stück Schnur

Wenn du die Taschenlampe einschaltest, siehst du den Monsterschatten auf der Wand. Wer bunte Monsterschatten will, kann die Dias auch noch mit farbigem Transparentpapier hinterkleben.

Lege die Tüte mit der Öffnung nach unten auf den Tisch. Male mit Bleistift ein Monstergesicht auf. Gefällt dir das Gesicht, fährst du die Umrisse von Augen, Nase und Mund mit dem Filzstift nach und schneidest die Formen mit der Schere aus.

Stülpe die Tüte über eine Taschenlampe, fasse das Papier zu einem Hals zusammen und binde die Schnur darum.

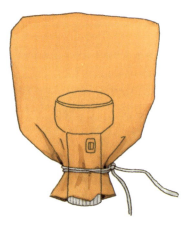

Schaltest du die Taschenlampe ein, leuchtet dein Monstergesicht im Dunklen.
Mit so einer Lampe in der Hand läßt sich auch draußen wunderbar herumgruseln.

Leuchtender Hohlkopf

MATERIAL
- 1 Orange
- spitzes Messer
- 1 Teelicht

Wenn sich alle Gespenster zum Schlemmen um den Tisch versammeln, ist es natürlich stockdunkel. Nur die kleinen Hohlköpfe zaubern ein flackerndes Licht in den Raum.

Schneide von der Orange einen Deckel ab und höhle sie aus, indem du das Fruchtfleisch sorgfältig herausschneidest, so daß nur noch die dicke Schale übrigbleibt.

Dann schneide mit dem Messer Augen, Nase und Mund aus. Stellst du ein Teelicht in die

Orange und zündest es an, erleuchtet der Hohlkopf den Raum auf gespenstische Weise.

Gefüllte Gespenster

ZUTATEN
- weiße Schokoküsse
- grüne Zuckerschrift

Lege die Schokoküsse auf die Arbeitsfläche und male mit grüner Zuckerschrift schaurige

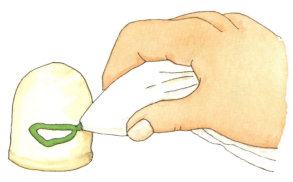

Gespensterfratzen auf die weißen Gruselgestalten.

Wenn du gleich ein paar mehr machst, kannst du die gefüllten Gespenster auch als Preise nehmen.

Knusper-Knochen

ZUTATEN (für ca. 70 Stück)
- 250 g Margarine
- 250 g Zucker
- 2 Päckchen Vanillezucker
- 2 Eier
- etwas abgeriebene Zitronenschale
- 500 g Mehl
- 1 Prise Salz
- Eigelb zum Bestreichen
- rechteckige Ausstechform
- herzförmige Ausstechform

Die Zutaten mischen und zu einem Teig kneten. Dann rollst du den Teig auf einer bemehlten Arbeitsfläche dünn aus und stichst Rechtecke und genau doppelt so viele Herzen aus, wobei du die Spitze von den Herzen abschneidest.

Lege die Rechtecke auf ein eingefettetes oder mit Backpapier belegtes Backblech, lege jeweils ein Herz dicht an jede Seite des Rechtecks und verstreiche die „Nahtstellen".

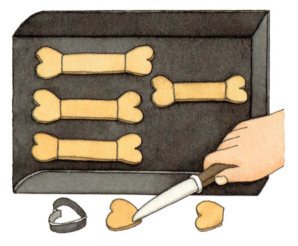

Bestreiche die Knochen zum Schluß mit etwas Eigelb und backe sie etwa 10 Minuten bei 200° C.

Solltest du keine rechteckige Ausstechform haben, kannst du die Rechtecke auch mit dem Messer ausschneiden.

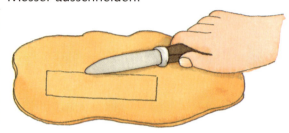

Das schlürfen Geister

SCHLEIMONADE MIT WÜRMERN:
- 1 Päckchen grüne Götterspeise
- Wasser
- Zucker
- Würmer oder Spaghetti aus Weingummi

GRUSELPUNSCH MIT FLIEGEN:
- 1 Liter schwarzer Johannisbeersaft
- 1 Flasche Mineralwasser
- Korinthen

Rühre die Götterspeise so an, wie es auf der Packung steht. Nimm jedoch statt 1/2 Liter Wasser 3/4 Liter. Dadurch wird die Götterspeise nicht fest, sondern genau richtig glibbrig. Rühre die Schleimonade kurz vor dem Servieren gut durch, fülle sie in durchsichtige oder schwarze Becher und füge Würmer oder kleingeschnittene Spaghetti-Würmer aus Weingummi hinzu. Ein Hochgenuß für Gespenster! Übrigens, besorgst du einige Weingummi-Würmer mehr, kannst du sie als Preise nehmen.

Mische den Saft mit dem Mineralwasser, gieße ihn in Gläser und laß in jedes Glas ein paar Korinthen plumsen. Wenn das Mineralwasser stark kohlensäurehaltig ist, könnt ihr zusehen, wie die Fliegen im Glas „Aufzug fahren". Kleine Luftbläschen sammeln sich auf den Fliegen und befördern sie zur Glasoberfläche. Dort platzen die Bläschen und die Fliegen schweben wieder zum Glasboden zurück.

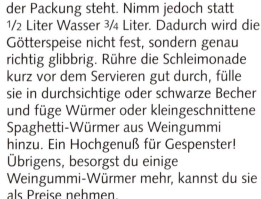

Gruselgalerie

MATERIAL
- 1 Karton mit Deckel
- spitze Schere
- Material, das sich gruselig anfühlt (Knochen, ein mit Wasser gefüllter Gummihandschuh, kleines Kuscheltier, ein Stück Fell, eine Handvoll Eiswürfel…)

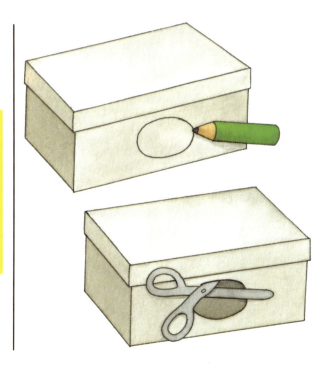

Schneide in eine Breitseite des Kartons ein Loch hinein, gerade so groß, daß du deine Hand hindurchstecken kannst.

Spielregel:
Verdunkle den Raum und schalte gespenstische Musik ein. Lege zuerst den harmlosesten Gruselgegenstand in den Karton und lasse ihn von Gespenst zu Gespenst wandern. Jeder steckt seine Hand hinein und tastet den Gegenstand ab. Ist der Karton wieder bei dir angelangt, tauschst du den Gegenstand aus und läßt den Karton eine weitere Runde wandern. So wird weitergespielt, bis alle gruseligen Gegenstände ertastet wurden. Dann schalte das Licht wieder an. Gib jedem Geist Zettel und Stift und fordere sie auf, die Gruseldinge zu notieren, die sie ertastet haben und an die sie sich erinnern. Gewonnen hat derjenige, der die meisten Dinge richtig erraten hat.

Lege nun ein Stück Seidenpapier (etwa 1/4 Bogen) über das Gespenst, fasse das Papier am Hals zusammen und binde an dieser Stelle die Schnur herum.

Gespenster-Kegeln

MATERIAL
- 9 Papprollen
- 18 Blatt Küchenpapier
- schwarzes oder weißes Seidenpapier (3 Bögen)
- Bindfaden
- breites Klebeband
- schwarzer Filzstift
- dünne Schnur oder Wollfaden

Knülle aus zwei Blatt Küchenpapier einen Ball und befestige ihn als Kopf mit dem Klebeband auf einer Papprolle.

Spielregel:
Stelle die Kegel am Ende der Kegelbahn nebeneinander auf und benutze als Kugel einen kleinen Ball. Die Spieler stehen am anderen Ende der Kegelbahn. Jeder darf einmal den Ball gegen das Gespensternest rollen. Wer wirft die meisten Kegelgeister um? Wer schafft es, alle Neune auf einmal umzuwerfen?

Male dem Gespenst mit dem schwarzen Filzstift ein Gesicht auf und fertig ist der erste Kegel.

Bastle auf die gleiche Weise noch acht weitere Gespenster-Kegel.

Noch mehr Geisterspiele

Gespenstertreiben:

Die Gespenster verteilen sich so, daß an allen vier Wänden des Zimmers gleich viele stehen. Der Raum wird verdunkelt. Willst du es noch schwieriger haben, gib jedem Geist einen Karton oder eine Papiertüte, die er sich über den Kopf stülpen soll. Ein Spieler gibt das Startzeichen. Jetzt versuchen alle zur gegenüberliegenden Wand zu „schweben", ohne mit einem anderen Gespenst zusammenzustoßen. Kommt es doch zu einem Zusammenstoß, so bleiben diese beiden Geister an der Stelle ihres Zusammenstoßes als lebendiges Hindernis für die nächste Spielrunde sitzen.

Die Geistergruft:

Stockfinster ist es im Zimmer. Am Boden liegen kreuz und quer reglose Gespenster. Ein Gespensterforscher, dem zusätzlich die Augen verbunden wurden, muß von einem Raumende zum anderen schleichen, ohne dabei ein schlafendes Gespenst zu wecken. Sobald ein Nachtgespenst in seiner Ruhe gestört wurde, springt es mit einem grellen Schrei auf und tauscht mit dem Gespensterforscher die Rolle.

Bald ist Ostern

Festliche Tischdekorationen, schöner Zimmerschmuck, kleine Geschenke und viele andere Osterbastelideen bringen Spaß und Vorfreude aufs Osterfest!

Ostergrüße

MATERIAL
- farbiger Fotokarton
- Buntstifte
- schwarzer Filzstift
- Schere
- Klebstoff

Frohe Ostern wünscht der Hase und bringt auch gleich ein Ei.

Schneide aus farbigem Fotokarton ein Rechteck im Format 21 x 15 cm zu. Falze und knicke es in der Mitte. Übertrage den Hasen auf die Vorderseite der Klappkarte und schneide ihn in doppelter Papierlage aus. Zeichne die Linien mit schwarzem Filzstift nach und male mit Buntstiften Schwanz, Ohren und Bäckchen an. Pause das Ei auf andersfarbigen Fotokarton ab und schneide es aus. Die Arme schneidest du wie auf der Vorlage ein und klebst das Ei dazwischen.

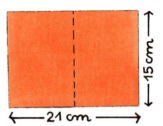

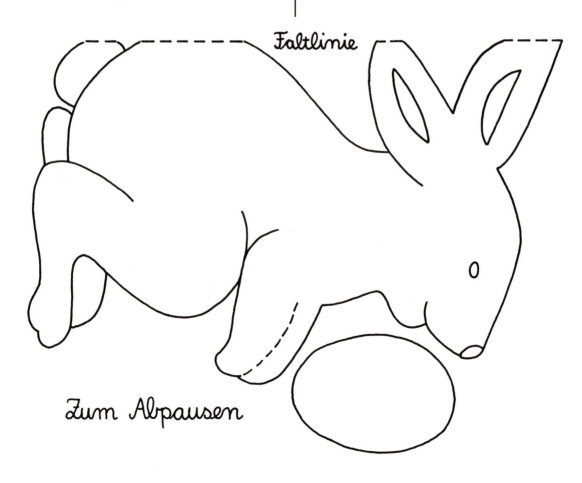

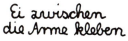

Klammerhasen

MATERIAL
- hellbrauner Fotokarton
- Wäscheklammern aus Holz
- brauner und weißer Buntstift
- schwarzer Filzstift
- Schere

Du kannst den Hasen auch aus Packpapier oder Tonpapier ausschneiden und zusammen mit einem ausgeschnittenen Ei auf eine Klappkarte kleben.

Diese Hasen schmücken jeden Ostertisch. Vielleicht willst du sie auch als Tischkärtchen benutzen?

Wenn du mehrere Hasen basteln willst, machst du am besten eine Schablone: Übertrage den Hasen auf dünne Pappe und schneide ihn aus. Du brauchst die Schablone jetzt nur noch auf Fotokarton zu legen und mit dem Bleistift

umranden, und das, so oft du willst. Anschließend ausschneiden. Male den Hasen noch an: den Schwanz mit weißem, die Ohren mit braunem Buntstift und das Gesicht mit schwarzem Filzstift. Zum Schluß steckst du die Wäscheklammer an.

zum Abpausen

Wäscheklammer

Osterblume

MATERIAL
- Klopapierrolle
- grünes Tonpapier
- bunte Papierservietten
- gekochtes, eingefärbtes Ei
- Klebstoff
- Schere

Blumen dürfen beim Osterfrühstück nicht fehlen! Diese hier sind ganz besondere – sie sind Eierbecher und Serviettenhalter in einem!

Schneide aus grünem Papier ein 9,8 x 15 cm großes Stück zurecht und klebe es um die Klopapierrolle. Falte eine zur Hälfte aufgeklappte Papierserviette längs in der Mitte und stecke sie oben in die Papprolle. Die zweite Papierserviette steckst du ebenso, aber versetzt hinein. Zupfe die „Blütenblätter" schön zurecht. Darauf kommt das farbige Osterei, und fertig ist die Osterblume.

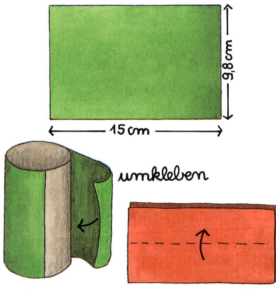

umkleben

halb aufgeklappte Serviette falten

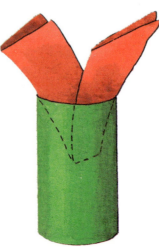

gefaltete Serviette hineinstecken

Zimmerschmuck

MATERIAL
- hellbrauner und farbiger Fotokarton
- rosa und buntes Tonpapier
- schwarzer Filzstift
- Schere
- Klebstoff

Der Hase mit seinem schönsten Ei. Du kannst die beiden am Fenster aufhängen oder wo es dir sonst gefällt.

Vergrößere die Vorlage auf die von dir gewünschte Größe. Pause das Motiv auf Fotokarton ab: den Hasenkopf einmal und die Pfoten je zweimal auf hellbraunen Karton, das Ei zweimal auf Karton in deiner Lieblingsfarbe und die Ohreninnenteile je zweimal auf rosa Tonpapier. Schneide alle Teile aus. Klebe zuerst

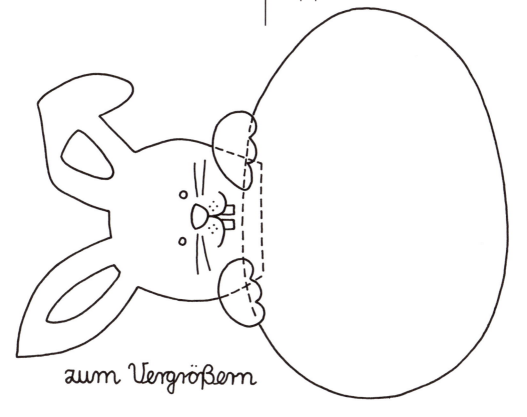

zweite Serviette versetzt hineinstecken

zum Vergrößern

den Kopf an seiner unteren Kante auf das Ei und dann das andere Ei darüber. Klebe die Pfoten sowie die rosa Ohrinnenteile von beiden Seiten auf. Male das Gesicht vorne und hinten auf und klebe die Zähne an. Das Ei kannst du gestalten, wie du möchtest – mit bunten Papierformen bekleben oder bemalen. Jetzt fehlt nur noch der Faden zum Aufhängen, den bringst du oben zwischen den Ohren an.

Hmmm, die Hasen schmecken lecker! Backst du für jeden in deiner Familie einen?

So geht der Teig: Die Hefe in einer Tasse zerbröseln und mit 3 Eßlöffel warmer Milch und 1 Teelöffel Zucker anrühren. Das Mehl in eine Rührschüssel geben; in die Mitte des Mehls eine Mulde machen und da hinein die Hefemischung gießen. Etwas Mehl darüber streuen. Die Schüssel mit einem Geschirrtuch abdecken

Hefeteighasen

ZUTATEN (für ca. 4 Hasen)
- 500 g Mehl
- 1/2 EL Salz
- 75 g weiche Butter oder Margarine
- 1/2 Würfel Hefe (20g)
- 1 EL Zucker
- 1/2 l warme Milch
- 1 Ei
- 1 Eigelb zum Bestreichen
- 1 Eiweiß zum Bestreichen
- Rosinen
- Spaghetti

60

und etwa 30 Minuten an einen warmen Ort stellen, damit die Hefe aufgeht. Dann die übrigen Backzutaten zu dem Mehl geben – die Milch mußt du etwas anwärmen. Alles mit den Händen durchkneten, bis ein Klumpen entsteht. Klebt der Teig noch, gib etwas Mehl hinzu. Den Teig wieder mit einem Geschirrtuch abdecken und 1 Stunde gehen lassen, bis er doppelt so groß geworden ist.

Den Körper formst du aus einer Kugel und setzt ihn auf ein mit Backpapier belegtes Blech. Den Kopf formst du oval und setzt ihn an den Körper an. Die Berührungsstellen mit Eiweiß bepinseln. Dann Ohren, Pfoten und Schwanz formen und ansetzen. Als Auge eine Rosine, als Barthaare Spaghettistückchen eindrücken. Alles mit Eigelb bepinseln. Auf der unteren Schiene bei 200 Grad etwa 25 Minuten backen.

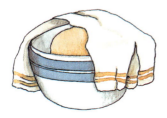

Knete den Teig auf der leicht bemehlten Arbeitsfläche nochmals durch, und dann geht es mit den Hasen los:

Osternachtisch

ZUTATEN
- 1 Päckchen grüne Götterspeise
- Zucker
- Schokoladeneier oder Schokonüsse
  Für die Küken- und Hasensticker:
- gelber, orangefarbener und hellbrauner Fotokarton
- beiges Tonpapier
- schwarzer Filzstift
- Zahnstocher
- Schere
- Klebstoff

Magst du auch so gerne Götterspeise? Serviere sie doch an Ostern als Nachtisch - natürlich österlich dekoriert.

Bereite die Götterspeise nach Packungsanweisung zu. Am besten schon einen Tag vor Ostern, denn sie braucht Zeit, um fest zu werden. Fülle sie in halbhohe Gläser und stelle sie in den Kühlschrank.

Inzwischen kannst du die Küken- und Hasensticker basteln: Pause dazu die Tiere je zweimal auf Fotokarton ab und schneide sie aus. Für das Küken schneide noch den orangenen Schnabel und zweimal die Flügel aus, für den Hasen aus beigem Tonpapier das Mundteil.

Klebe die beiden Körper zusammen und stecke dabei unten einen Zahnstocher mit hinein; beim Küken den Schnabel nicht vergessen. Klebe dem Küken die Flügel auf, dem Hasen das Mundteil. Male das Gesicht mit schwarzem Filzstift auf.

Zum Abpausen

Stecke vor dem Servieren je einen Sticker in jede Portion Götterspeise und lege einige kleine Schokoladeneier dazu. Guten Appetit!

Du kannst die beiden Sticker übrigens auch in die Osterwiese von unten „setzen".

Osterwiese

MATERIAL
- Blumenuntersetzer
- Erde
- 1 Eßlöffel Grassamen

Hast du schon einmal Gras wachsen sehen? Mach dem Osterhasen doch ein echtes Grasnest, da wird er sich bestimmt wohl fühlen.

Etwa drei Wochen vor Ostern mußt du deine kleine Wiese aussäen. Fülle dazu einen Blumenuntersetzer mit Erde und streue die Grassamen darauf. Befeuchte die Erde mit einer kleinen Gießkanne oder einem Wasserzerstäuber und stelle den Untersetzer auf die Fensterbank. In den nächsten Wochen mußt du regelmäßig gießen und natürlich beobachten – wann kommen die ersten Halme? Übrigens: wird das Gras zu hoch, kannst du es mit einer Schere „mähen".

Laß dir von einem Erwachsenen etwas Tapetenkleister anrühren. Reiße buntes Transparentpapier in fingernagelgroße Stücke. Streiche mit dem Finger etwas Tapetenkleister auf das Ei und drücke die Transparentpapierstücke so darauf, daß sie sich ein wenig überlappen. Du kannst dein Ei mit nur einer Farbe bekleben, dann machen sich Punkte gut darauf. Oder du gestaltest dein Ei in vielen Farben, klebst also verschiedenfarbige Papierstückchen nebeneinander auf.

Bunte Ostereier

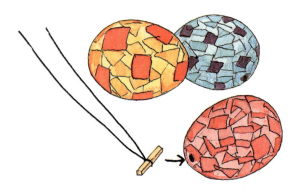

> **MATERIAL**
> - ausgeblasene Eier
> - buntes Transparentpapier
> - Tapetenkleister
> - Streichhölzer
> - Bindfaden

Ausgeblasene Eier kann man nicht nur bemalen, man kann sie auch bunt bekleben!

Wenn das Ei getrocknet ist, hängst du es auf. Dazu brichst du ein 1–2 cm langes Stück von einem Streichholz ab, knotest in der Mitte einen Faden daran und steckst beides senkrecht in das obere Loch des Eies. Das Hölzchen stellt sich dann quer, und nur der Faden guckt noch heraus.

Tiereier

MATERIAL
- grüner, gelber, grauer und beiger Fotokarton
- Buntstifte
- schwarzer Filzstift
- Schere
- Klebstoff

Diese lustigen Tiere halten beides gern: die ausgeblasenen Eier für den Osterstrauß oder die gekochten Eier für das Frühstück.

Übertrage die Tiere von Seite 66 auf farblich passenden Karton und schneide sie aus. Male die Tiere an. Klebe die beiden Enden zusammen und stecke ein Ei hinein.

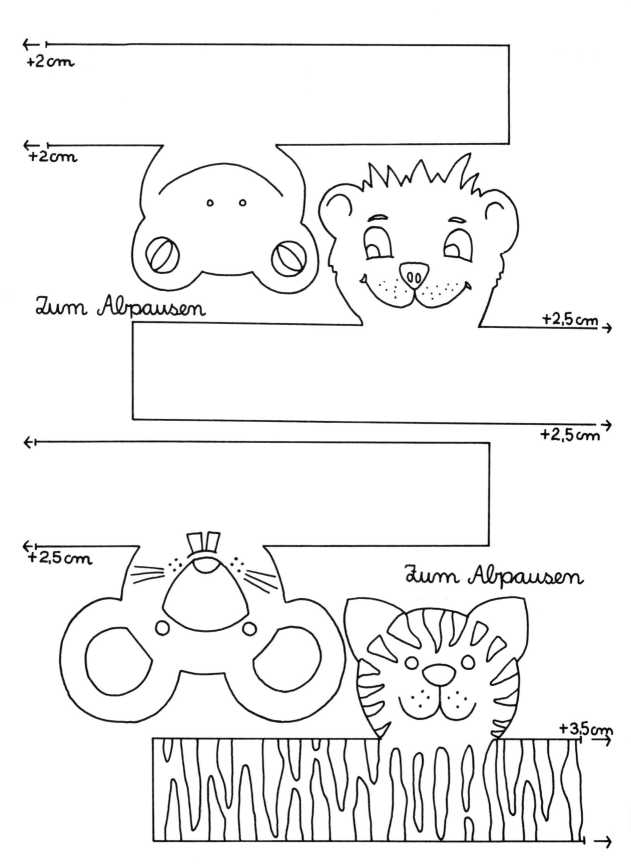

Kugelhase

MATERIAL
- 3 Wattekugeln (Durchmesser 1,5 cm, 3,5 cm und 5,5 cm)
- hellbraune und weiße Deckfarbe
- schwarzer Filzstift
- hellbrauner Fotokarton
- beiges Tonpapier
- Klebstoff
- Schere
- Schaschlikspieß

Wer sitzt denn da im hohen Gras? Der Hase ist ganz leicht aus Wattekugeln zu basteln.

Klebe die beiden großen Wattekugeln aufeinander und male sie mit hellbrauner Deckfarbe an. Male das Gesicht mit weißer Farbe und schwarzem Filzstift auf.

Schneide zwei Ohren aus Fotokarton aus, die du noch mit Innenohren aus hellerem Papier beklebst. Klebe die Ohren hinten am Kopf und die kleine Wattekugel unten als Schwanz fest.

zum Abpausen

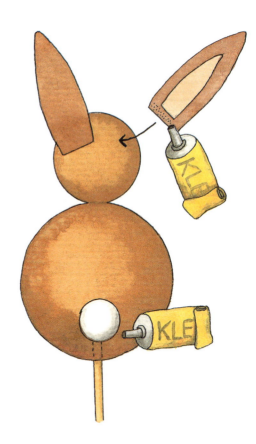

Willst du den Hasen in das feuchte Gras der Osterwiese setzen, dann steckst du ihn auf einen entsprechend gekürzten Schaschlikspieß, damit er nicht aufweichen kann.

67

Pappmaché-Hase

MATERIAL
- 2 Luftballons
- Pappe
- Papprollen
- Zeitungspapier
- Paketklebeband
- Tapetenkleister
- braune, beige, weiße und schwarze Deckfarbe

Dieser Pappmaché-Hase wird dir bei manch einer Spielidee sicher gute Dienste leisten.

Laß dir von einem Erwachsenen den Tapetenkleister anrühren. Decke den Tisch mit einer dicken Schicht alter Zeitungen ab. Blase anschließend die beiden Luftballons auf, der für den Kopf sollte kleiner sein. Klebe sie mit Paketklebeband aufeinander. Forme aus Zeitungen und Klebeband oder aus Papprollen Arme und Beine und befestige sie am Körper.

Schneide aus Pappe Ohren aus und klebe sie mit Klebeband am Kopf fest.
Zerreiße einige Bogen Zeitungspapier in etwa handtellergroße Teile. Bestreiche nun den Körper mit den Händen mit Kleister. Klebe darauf eine Schicht gerissenes Zeitungspapier, und zwar so, daß sich die Ränder der Papierstücke überlappen. Bestreiche diese erste Lage wieder mit Kleister und bedecke sie abermals mit Zeitungspapierstücken.
Wiederhole den Arbeitsgang etwa achtmal. Laß den Hasen mehrere Tage trocknen und bemale ihn anschließend mit Deckfarben.

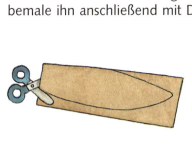

Tierketten

MATERIAL
- **Holzkugeln mit Bohrung (Durchmesser 40 cm)**
- **bunte Kordeln (je 80 cm lang)**
- **wasserlösliche braune, schwarze, weiße und gelbe Lackfarbe**
- **orangefarbene und braune Filzreste**
- **Pinsel**
- **Schere**
- **Klebstoff**

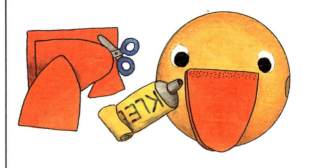

Solch eine Tierkette ist ein wunderschönes Geschenk, das bestimmt Freude bereitet.

Wenn du die Holzkugel auf einen Stab, zum Beispiel einen Pinselstiel steckst, dann läßt sie sich leichter bemalen.

Küken: Färbe die Holzkugel gelb ein und male nach dem Trocknen mit Weiß die Augen auf. Wenn die Farbe trocken ist, werden die Pupillen mit Schwarz aufgetupft. Schneide aus orangefarbenem Filz zweimal den Schnabel zu. Klebe die Teile oben aneinander und anschließend am Kopf fest.

Hase: Färbe die Holzkugel braun ein und male die Umgebung des Mauls mit einem Gemisch aus Weiß und Braun an. Trocknen lassen. Nase, Mund und Barthaare mit Schwarz und Augen und Zähne mit Weiß aufmalen. Auf die Augen anschließend mit Schwarz die Pupillen auftupfen. Aus Filz die Ohren zweimal ausschneiden und hinten ankleben.

Durch die Kugel eine Kordel ziehen und rechts und links einen Knoten machen. Die beiden Enden zusammenknoten.

Spiele zu Ostern

Knopfhüpfen
Ihr braucht: flache Knöpfe, Körbchen

Der Pappmaché-Hase hält ein Körbchen, in das ihr euer „Ei" so schnell wie möglich hüpfen lassen sollt.
Ihr spielt auf einem Teppich oder einer Wolldecke. Die „Eier" sind flache Knöpfe. Jeder Spieler legt einen Knopf hinter eine gedachte Startlinie, etwa 1–2 Meter vom Hasen entfernt. Mit einem etwas größeren Knopf versucht nun abwechselnd jeder Spieler, seinen Knopf in das Körbchen zu knipsen: Mit dem großen Knopf wird hinten auf den kleinen gedrückt, dann hüpft dieser los. Wessen Knopf zuerst im Körbchen gelandet ist, hat gewonnen.

Eiersuchen
Ihr braucht: etwa 10 Pappbecher, Schokoladeneier

An einer Ecke des Tisches stehen viele Pappbecher auf dem Kopf. Unter fast allen ist ein Schokoladenei versteckt. Die Mitspieler würfeln reihum. Jeder der eine 1 oder eine 6 gewürfelt hat, darf einen Becher hochheben. Ist ein Ei darunter, darf er es behalten – wenn nicht, hat er Pech gehabt. Die Becher werden jedesmal an genau der gleichen Stelle wieder aufgestellt. Alle Spieler sollten genau aufpassen, um sich möglichst zu merken, unter welchem Becher kein Ei (mehr) liegt.

71

Erster Bastelspaß

Malen, Weben, Stempeln, Bauen ...
Ganz einfache und wunderschöne
Basteleien laden kleine und auch
ungeübte Bastler ein, ihr Geschick
unter Beweis zu stellen.

Schiffchen

MATERIAL
- Styropor
- Schaschlikspieß
- Plastiktüte
- Messer
- Schere
- Krepppapier

Das Schiffchen schneidest du vorsichtig mit einem scharfen Messer aus Styropor aus. Für das Segel schneide ein dreieckiges Stück aus einer Plastiktüte. Bohre einen Schaschlikspieß als Mast durch das Segel und stecke ihn in dein Boot. Den Segelmast kannst du noch mit einer Fahne aus Krepppapier verzieren. Gute Fahrt!

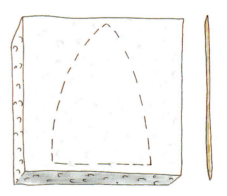
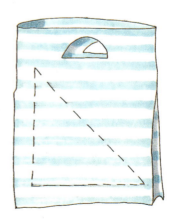

Rennwagen

MATERIAL
- kleine Getränkepackung
- 4 Korken
- 2 Schaschlikspieße
- Messer
- Klebstoff
- Farbe
- Pinsel
- Pappe
- Filzstift

Die Getränkepackung auswaschen, trocknen lassen und die Öffnung wieder zukleben. Mit einem scharfen Messer vorsichtig ein Loch einschneiden. Den Rennwagen anmalen. Die Schaschlikspieße durch die Tüte bohren und auf die Enden jeweils einen Korken stecken, den du auch noch anmalen kannst.
Zum Schluss schmückst du dein Auto mit einer Startnummer: Schneide aus Pappe einen Kreis aus, klebe ihn auf und male da hinein mit Filzstift die Nummer.

Gespensterchen

MATERIAL
- weißer Stoff
- Watte
- Bindfaden
- Stöckchen
- Filzstifte

Richtig gruselig wird es mit diesem Gespensterchen nicht, aber dafür kannst du mit ihm prima Theater spielen.

Forme die Watte zu einer Kugel und lege diese in die Mitte eines viereckigen Stück weißen Stoffs. Fasse den Stoff darüber und binde den Hals unter der Kugel mit einem Stück Bindfaden ab. Mit Filzstiften malst du das Gesicht auf.
Jetzt noch Kopf und Arme mit Bindfaden an einem Stöckchen befestigen, fertig!

Fingerpuppen

MATERIAL
- Erdnussschalen
- Filz
- Wolle
- Federn
- Klebstoff
- Schere
- Filzstifte

Die Erdnüsse vorsichtig halbieren und die Nüsse herausnehmen. Mit Filzstiften Gesichter aufmalen und die Köpfchen mit Hütchen oder Haaren aus Wolle, Filz und Federn verzieren.

Schattentheater

MATERIAL
- Schuhkarton
- farbige Pappe
- Klebestreifen
- Transparentpapier
- Schaschlikspieße
- Schere
- Zweige

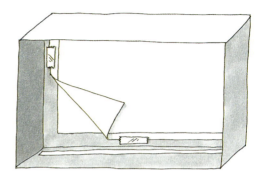

Mit diesem kleinen Theater im Schuhkarton kannst du drinnen mit einer Lampe, aber auch draußen mit Hilfe der Sonne Theater spielen. Den Boden und ein Stück einer langen Seite des Schuhkartons vorsichtig herausschneiden. An den Boden klebst du von innen das Transparentpapier, dies ist die Bühne. Aus farbiger Pappe schneidest du die Figuren aus, die du brauchst. Das kann auch ein Haus sein. Die Figuren befestigst du mit einem Klebestreifen am Schaschlikspieß. Mit kleinen Zweigen kannst du das Theater noch dekorieren und – die Vorstellung kann beginnen!

Bild mit Zuckerkreide

MATERIAL
- 1 Tasse warmes Wasser
- 2 Teelöffel Zucker
- bunte Kreide
- dunkles Tonpapier

Das warme Wasser mit dem Zucker mischen. Die Kreide ungefähr eine Stunde im Zuckerwasser einweichen. Als Untergrund nimmst du dunkles Tonpapier, dann leuchten die Farben am schönsten. Weißt du schon, was du malen möchtest?

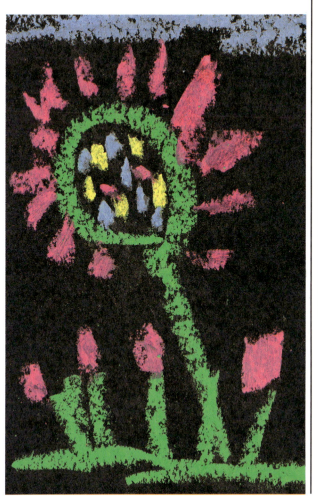

Halskette

MATERIAL
- Korken
- bunte Strohhalme
- Bindfaden
- Farbe
- Pinsel
- Messer
- Schere

Willst du die Kette verschenken oder behältst du sie für dich?

Die Korken mit einem Messer jeweils in drei Teile schneiden und bemalen. Die Strohhalme schneidest du mit der Schere in kleine Abschnitte und fädelst sie abwechselnd mit Korkstücken auf einen Bindfaden. Zum Schluss den Bindfaden verknoten.

Leuchtglas

MATERIAL
- Marmeladenglas
- Transparentpapier
- Tapetenkleister
- Pinsel
- Teelicht

Das Teelicht leuchtet munter durch das bunte Glas.

Nimm ein schönes dickes Marmeladenglas und bestreiche es mit Tapetenkleister. Das Transparentpapier wird in kleine Stückchen gerissen und aufgeklebt, auch übereinander. Zum Schluss noch eine Schicht Tapetenkleister darüberpinseln.

Bildchen

MATERIAL
- Pappteller
- Sand
- Tapetenkleister
- Kleine Gegenstände wie Muscheln, Steine, Federn, kleine Bildchen ...
- Farbe
- Pinsel

Auf diesem Bildchen kannst du all die kleinen Dinge verewigen, die du gerne aufbewahren möchtest.

Mit Wasser eine kleine Menge Tapetenkleister anrühren und mit Sand vermischen. Diesen Papp-Sand auf den Pappteller streichen und darin die Dinge eindrücken, die du gerne aufbewahren möchtest. Gut trocknen lassen und den Rand zum Schluss noch bemalen.

Webbild

MATERIAL
- Karton
- Wolle
- Schere

Ein längliches Stück Karton an den schmalen Seiten im Zick-Zack einschneiden und mit einer Wollschnur umwickeln, wobei du Anfang und Ende der Schnur auf der Kartonrückseite verknotest. Einen Pappstreifen wie auf der

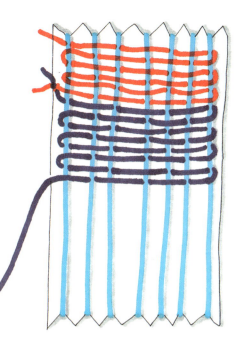

Abbildung zurechtschneiden und die Wolle zum Weben daran befestigen, und los geht's.

Du kannst auch Federn und Gras dazwischen weben.
Bist du fertig, schneidest du auf der Kartonrückseite die Wollfäden auf und verknotest jeweils zwei Nachbarfäden miteinander.

Schneide die Klopapierrollen an einer Seite mehrmals ein und knicke die Streifen nach außen. Male die Rollen in den Farben der Knöpfe an und klebe sie auf den Karton. Das Spiel kann beginnen! Versuche die Knöpfe in die Röhren zu werfen, die die gleiche Farbe haben.

Wurfspiel

MATERIAL
- 5 Klopapierrollen
- Karton
- Knöpfe
- Klebstoff
- Schere
- Farbe
- Pinsel

Sicherlich gibt es noch alte Knöpfe bei dir zu Hause. Damit kannst du ein prima Wurfspiel machen.

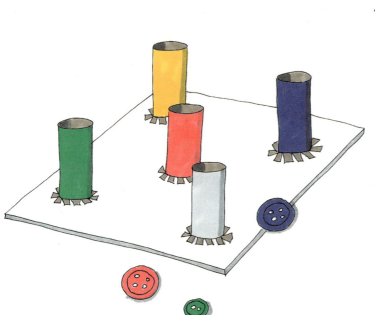

Sockenschlange

MATERIAL
- 1 Socke
- Filz
- Wolle
- Klebstoff
- Schere

Wer hat Angst vor der Sockenschlange?
Ich nicht!
Aus Filz und Wolle Augen und Mund ausschneiden und aufkleben. Mit der Hand in die Socke geschlüpft und du kannst die Schlange zum Schnappen bringen.

Tiermasken

MATERIAL
- Eierkartons
- Tonpapier
- Klebstoff
- Schere

Lustige Masken von Tieren, die es in keinem Zoo zu sehen gibt, kannst du aus Eierkartons basteln.

Reiße und schneide die Eierkartons auseinander und lege aus den Stücken eine Tiermaske, die du auf Tonpapier klebst.

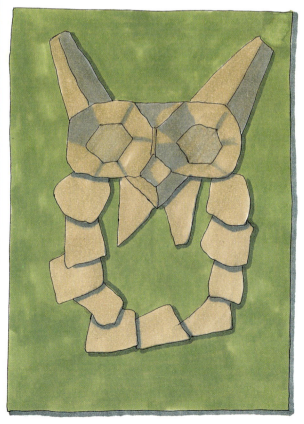

Puzzle

> **MATERIAL**
> - festes Zeichenpapier
> - Pinsel
> - Farbe
> - Schere

Male ein großes Bild, fülle dabei die ganze Fläche von deinem Papier aus. Zerschneide das Papier in nicht zu kleine Teile. Na, kannst du das Bild wieder richtig zusammenlegen?

Blumenstempel

> **MATERIAL**
> - Streichholzschachteln
> - Bindfaden
> - Klebstoff
> - Schere
> - Farbe
> - Pinsel
> - Papier

Tauche kleine Stückchen Bindfaden in den Klebstoff und klebe sie zu einer Blumenform auf die Streichholzschachtel. Wenn der Klebstoff trocken ist, kannst du die Form mit Farbe bestreichen und damit Geschenkpapier, Briefpapier, Bilderrahmen und vieles mehr bedrucken.

Kleine Welt im Glas

Du kannst auch Kieselsteine farbig bemalen und dazwischen setzen.

> **MATERIAL**
> - großes Einmachglas
> - Erde
> - Pflänzchen
> - Steine, Moos, Schneckenhaus …

Fülle eine Schicht Erde in dein Einmachglas. Pflanze ein Pflänzchen ein und setze als Dekorierung noch dazu, was dir gefällt. Vielleicht Steine, ein Schneckenhaus oder eine Muschel.

Blumen aus Papier

MATERIAL
- Tonpapier
- kleiner Blumentopf
- Sand oder Kieselsteine
- Schaschlikspieße
- Klebestreifen
- Schere

Kleine Immerblüher kannst du ganz einfach aus Papier basteln.

Blumen und Blätter aus Tonpapier ausschneiden und mit Klebestreifen am Schaschlikspieß befestigen. Den Blumentopf mit Sand oder Kieselsteinen füllen und die Blume hineinstecken.

Falten und Spielen mit Papier

Du wirst staunen, was aus einem einfachen Stück Papier alles entstehen kann! Schritt-für-Schritt-Anleitungen machen das Nachfalten superleicht.

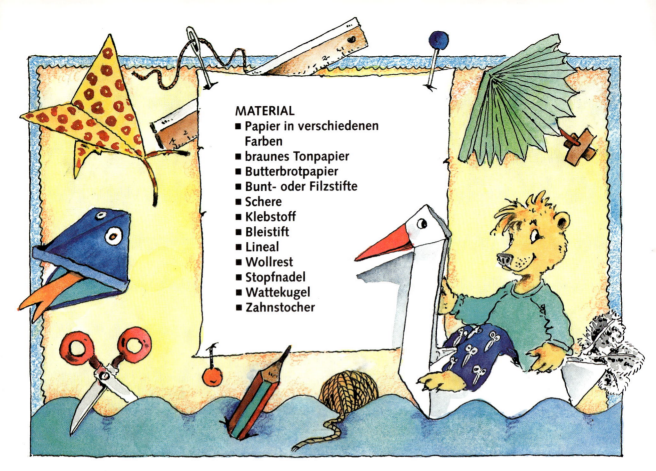

MATERIAL
- Papier in verschiedenen Farben
- braunes Tonpapier
- Butterbrotpapier
- Bunt- oder Filzstifte
- Schere
- Klebstoff
- Bleistift
- Lineal
- Wollrest
- Stopfnadel
- Wattekugel
- Zahnstocher

Die zwei wichtigsten Faltregeln sind:

1. Falte immer auf einer glatten Unterlage, am besten an einem Tisch.

2. Jede Falte möglichst ganz genau anlegen und gleich mit dem Daumennagel nachstreichen. So halten die Formen besser und die Faltschritte sind leichter auszuführen.

Und hier siehst du die Faltsymbole und was sie bedeuten:

Papier senkrecht in der Mitte falten:

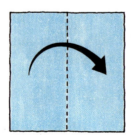

Papier waagrecht in der Mitte falten:

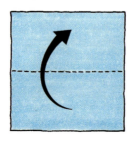

Quadrat diagonal in der Mitte falten:

Form wenden: Die Form umdrehen und mit der Rückseite weiterarbeiten.

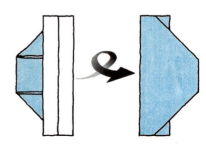

Schnappschnabel

1. Ein rechteckiges Papier waagrecht und senkrecht in der Mitte falten und wieder öffnen.

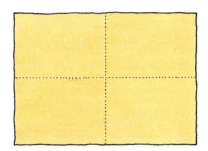

2. Papier waagrecht in der Mitte falten und die beiden Ecken der geschlossenen Seite so zur Mitte hin falten, dass unten ein Rand von etwa 2 cm bleibt.

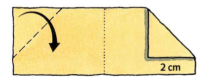

3. Den vorderen Rand nach oben umschlagen.

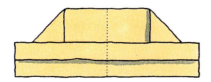

4. Die Form wenden, den anderen Rand auch nach oben umschlagen.

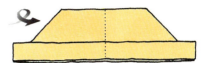

5. Die beiden Seiten an den Stellen A und B fassen und auseinander ziehen. So fallen die Ecken C und D aufeinander.

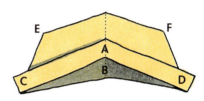

6. Drückst du mit Daumen und Zeigefinger die Ecken E und F zusammen, so klappt der Schnappschnabel auf und zu.

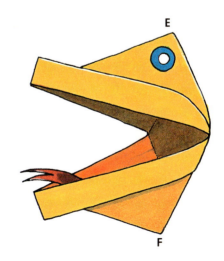

Wenn du möchtest, kannst du noch Augen, Zähne oder eine Zunge aufmalen oder -kleben.

Klatsche

1. Ein rechteckiges Papier waagrecht und senkrecht in der Mitte falten und wieder öffnen.

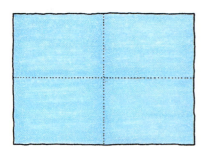

2. Alle vier Ecken nach innen zur waagrechten Mittellinie falten.

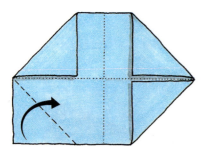

3. Die Form waagrecht in der Mitte zusammenfalten, so dass beide Hälften aufeinander liegen.

4. Ecke A nach oben zu einem Dreieck falten, so dass sie an der Mittellinie anliegt.

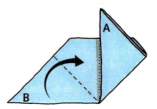

5. Das gleiche mit Ecke B tun: von unten nach oben an der Mittellinie entlang zu einem Dreieck falten.

6. Die linke Hälfte in der Mitte nach hinten klappen, so dass sie genau auf der vorderen Hälfte liegt.

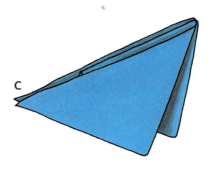

Die Klatsche mit Daumen und Zeigefinger an den Spitzen C fassen und kräftig von oben nach unten durch die Luft schlagen. Dadurch springt der eingeschlagene Innenteil mit einem lauten Knall heraus. Vor dem nächsten Schlag den Innenteil erst wieder einschlagen.

Trinkbecher

1. Ein rechteckiges Papier waagrecht in der Mitte falten.

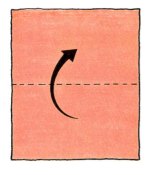

2. An der geschlossenen Seite die Ecken so weit bis zur Mitte hin falten, dass ein Abstand von jeweils etwa 1 cm bleibt.

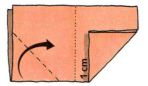

3. Vorderen oberen Rand über die Ecken nach unten umschlagen.

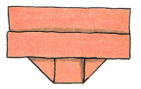

4. Form wenden und die beiden Seiten nach vorn bis zur Mitte falten.

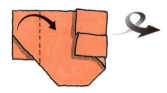

5. Zuletzt den oberen, überstehenden Rand nach vorn herunterfalten.

Wenn du für den Trinkbecher Butterbrotpapier nimmst, kannst du ihn füllen, ohne dass er reißt.

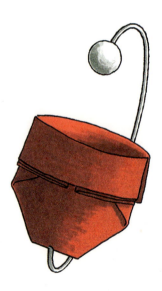

Aus dem Trinkbecher kannst du einen prima Fangbecher machen. Einfach eine etwa 30 cm lange Wollschnur mit einer Stopfnadel durch den Becherboden stechen, innen verknoten und am anderen Ende eine Wattekugel auffädeln, die mit einem Knoten gehalten wird.

Schachtel mit Deckel

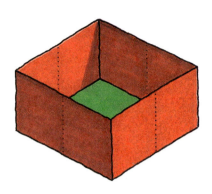

1. Ein Quadrat in den Diagonalen falten und wieder öffnen.

2. Jede Ecke bis zum Mittelpunkt falten und wieder öffnen.

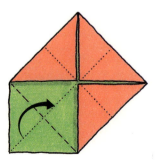

3. Die Ecken nacheinander bis zu den neu entstandenen Schnittpunkten falten und wieder öffnen.

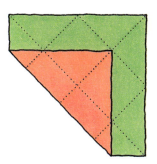

4. Alle vier Ecken bis zum vorderen Schnittpunkt falten und wieder öffnen.

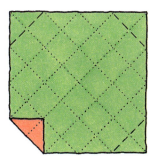

5. Markierte Linien einschneiden.

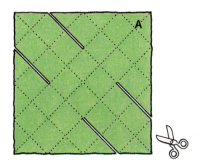

6. Das Faltblatt mit der Ecke A nach oben hinlegen. Die obere und untere Ecke je einmal waagrecht umfalten.

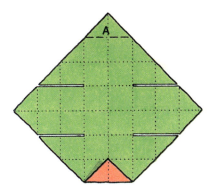

7. Die beiden Seiten noch mal nach innen umschlagen.

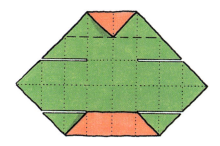

8. Die Seitenwände aufstellen.

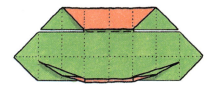

9. Die abstehenden Seitenteile mit etwas Klebstoff bestreichen und als Ränder zusammenkleben.

10. Die beiden Spitzen rechts und links umfalten.

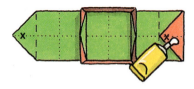

11. Die markierten Stellen (x) mit etwas Klebstoff bestreichen und über die Seitenteile schlagen.
Fest andrücken.

Den Deckel fertigst du auf die gleiche Weise an. Allerdings muss das Papier hierfür 2 mm größer sein.

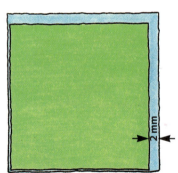

Rechteckige Schachtel

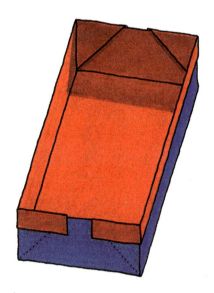

1. Ein rechteckiges Papier an beiden schmalen Seiten nach innen falten und wieder aufschlagen.

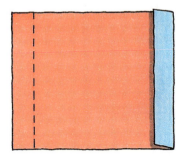

2. An den Längsseiten oben und unten umfalten (der Falz sollte etwa 1 cm breiter als an den schmalen Seiten sein).

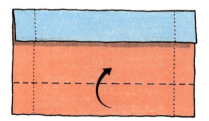

96

3. Alle vier Ecken bis an die senkrechten Falzlinien umschlagen.

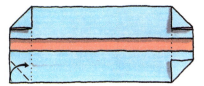

4. Den überstehenden oberen und unteren Rand über die Ecken falten.

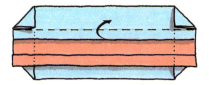

5. Von der Mitte her an den Längsseiten in die Ecken fassen und den Schachtelrand aufstellen.

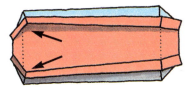

6. So sieht die fertige Schachtel aus.

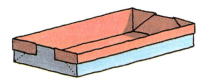

97

Geldtasche

1. Ein rechteckiges Papier waagrecht und senkrecht in der Mitte falten und wieder öffnen.

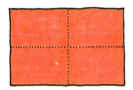

2. Die vier Ecken bis an die waagrechte Mittellinie falten.

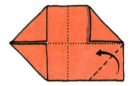

3. Die beiden Spitzen A bis zu den Punkten B falten.

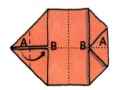

4. Die beiden Teile links und rechts bis zur senkrechten Mittellinie nach innen falten.

5. Form wenden.

6. Oben und unten die Seiten nach vorn bis zur Mitte falten.

7. Form wieder wenden.

8. Die beiden Hälften senkrecht aufeinander klappen.

9. So entstehen zwei Taschenfächer. Aus einem davon ziehst du zum Schluss die dreieckige Verschlussklappe heraus.

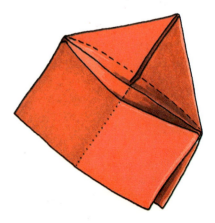

Schwan

1. Quadratisches Papier diagonal in der Mitte falten und wieder öffnen.

2. Die beiden Ecken A und B zur Mittellinie falten.

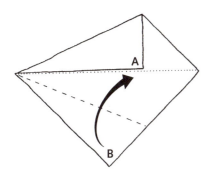

3. Und noch mal die Ecken C und D zur Mittellinie falten.

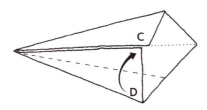

4. Die Form in der Mitte zusammenklappen, so dass die offene Seite unten ist.

5. An den gekennzeichneten Stellen A, B, C und D faltest du die Form nach hinten und wieder zurück.

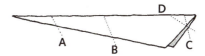

6. Nun faltest du die Spitze an der Stelle B von der offenen Seite her nach oben. So entsteht der Hals.

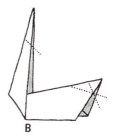

7. Die Falte A schlägst du nach vorn um. So entsteht der Kopf.

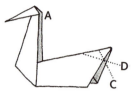

8. Die Falte D schlägst du nach unten um, die Falte C wieder nach oben. Das ist das Schwänzchen.

Doppelschiff

1. Ein quadratisches Papier waagrecht und senkrecht in der Mitte falten und wieder öffnen.

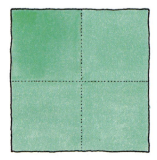

2. Die vier Ecken mit der Spitze bis zur Mitte falten.

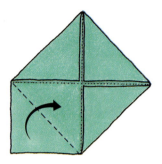

3. Das so entstandene Quadrat an den Ecken A und B fassen und in der Mitte auf die Ecken C und D herüberfalten.

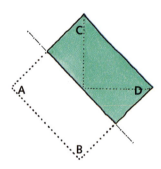

4. Form wieder öffnen.

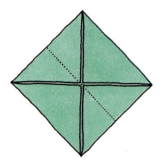

100

5. Die beiden Ecken A und B bis zur Mittellinie falten. Ebenso die Ecken C und D. So entsteht ein schmales Rechteck.

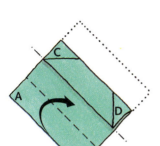

6. Nun die Ecken E und F wieder bis zur Mitte falten. Und auch die Ecken G und H. So entsteht wieder ein Quadrat.

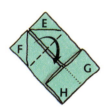

7. Falte die Ecke E nach außen auf die Mittellinie. So faltest du auch die anderen drei Ecken und legst sie dann wieder zurück.

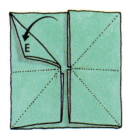

8. Ziehe die unter der Ecke E liegende Spitze x nach außen und streiche sie glatt.

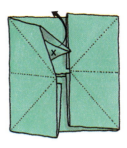

9. Genauso mit den drei anderen innen liegenden Spitzen verfahren.

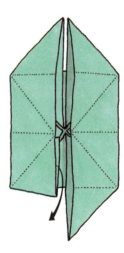

10. Die so entstandene Form faltest du in der Mitte nach hinten um.

11. Die Form etwas auseinander ziehen, fertig ist das Doppelschiff.

12. Willst du das Schiff noch mit einem Fähnchen verzieren? Falte ein kleines Stück Papier in der Mitte, schneide ein Dreieck aus und klebe es an einen Zahnstocher, den du in die Bootsmitte steckst.

Segelschiff

1. Für ein Segelschiff faltest du zuerst das Doppelschiff.

2. Das im hinteren Bootsteil liegende Dreieck vorsichtig an der Spitze herausziehen und zu einem Segel aufstellen. Schon kann die Segelregatta beginnen!

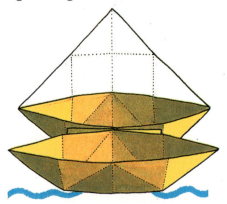

Schmetterlinge

1. Falte ein quadratisches Papier waagrecht in der Mitte und in den Diagonalen.

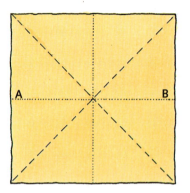

2. Das Papier zu einem Dreieck zusammenlegen, indem du die Linien A und B nach innen klappst, bis sie sich berühren.

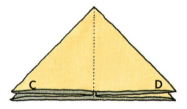

3. Vordere Ecken C und D am Mittelfalz bis zur Spitze hochfalten.

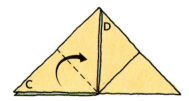

102

4. Die Ecken E und F am Mittelbruch nach oben falten und wieder öffnen.

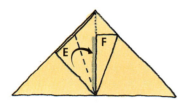

5. Die Ecken E und F umgekehrt von oben nach unten am Mittelbruch falten und wieder öffnen.

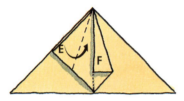

6. Die Spitzen 1 und 2 fassen, zusammendrücken und in der Mitte senkrecht nach oben stellen. Das sind die Füßchen, auf die du den Schmetterling stellst.

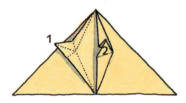

7. Die Flügel schlägst du nun nach oben um.

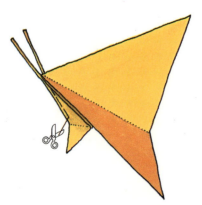

8. Soll dein Schmetterling noch Fühler bekommen, schneidest du innen die Füßchen von hinten nach vorn ein wenig ein und biegst die Fühler nach außen.

9. Du kannst sie auch noch bunt bemalen oder bekleben.

104

Fliegende Schwalbe

Für die Schwalbe brauchst du ein rechteckiges Stück Papier. Davon schneidest du für den Körper ein Quadrat ab, indem du das Papier diagonal von Ecke A zu Ecke B faltest und den rechten überstehenden Teil abschneidest. Aus ihm entsteht nun der Schwanz. Dazu faltest du das Papier waagrecht in der Mitte, schneidest an einem Ende ein Dreieck heraus und öffnest es wieder.

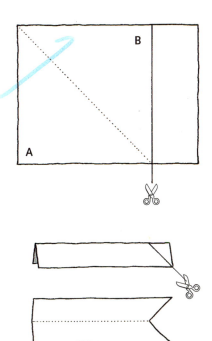

1. Falte zuerst den Schmetterling von Seite 20 bis zur Abb. 6.

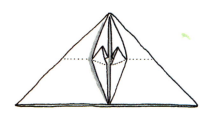

2. Schlage die Spitze in Höhe der „Füßchen" nach hinten um.

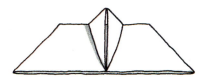

3. Zum Schluss schiebst du das zugeschnittene Schwanzteil zwischen Körper und Flügel. Guten Flug!

Häuser

1. Für die Grundform eines Hauses brauchst du ein etwa 10 x 20 cm großes Blatt Papier. Falte das Blatt waagrecht in der Mitte.

2. Beide Ecken oben bis zur Mitte falten und wieder öffnen.

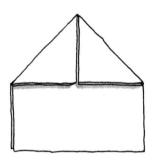

3. Die Ecken nach innen umfalten.

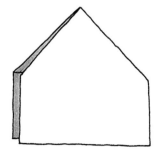

4. Die Ränder seitlich und unten 1 cm nach hinten umfalten.

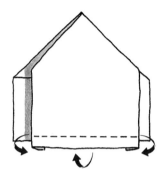

5. Die Form wenden und die Ränder auf der Rückseite genauso umfalten.

Ein Haus mit flachem Dach entsteht, wenn du die beiden Ecken oben nicht bis zur Mitte faltest.

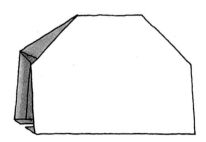

6. Fenster und Türen kannst du entweder aufmalen oder ausschneiden.

7. Aus den Dachgiebeln kannst du auch Zacken herausschneiden.

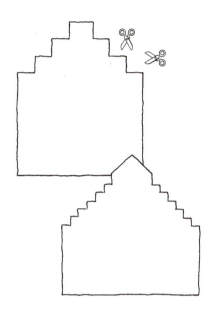

1. Für das Dach brauchst du Papier, das genauso breit wie dein Haus ist und doppelt so hoch wie die Dachschräge.

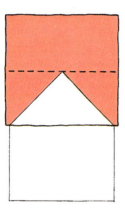

2. Das Blatt waagrecht in der Mitte falten.

3. Die Ecken wie beim Haus zur Mitte falten, wieder öffnen und nach innen umfalten.

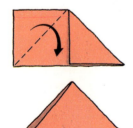

4. Jetzt kannst du das Dach auf das Haus setzen.

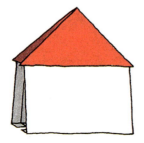

5. Du kannst das Dach auch noch ausschneiden, so dass es der Form des Giebels folgt.

Bei spitzen Dächern musst du die eingeschlagenen Giebelecken abschneiden.

Bäume

1. Du faltest ein grünes Papier im Zick-Zack und knickst es in der Mitte.

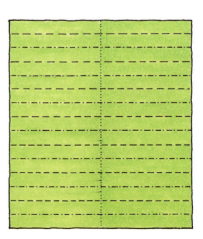

108

2. Für den Stamm nimmst du einen braunen Pappstreifen, den du in der Mitte umknickst. Die Enden biegst du als Füße nach außen. Die beiden Stammteile klebst du zusammen.

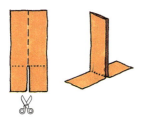

3. Die umgeknickte Zick-Zack-Form klebst du nun an den Stamm.

4. Willst du verschiedene Bäume, brauchst du nur die Baumkronen unterschiedlich zu gestalten.

Stadtmauer und Tor

Für die Stadtmauer brauchst du mehrere Papierstreifen, die du der Länge nach in der Mitte faltest. Die Mauer kannst du an beliebigen Stellen umknicken, so dass Ecken und Winkel entstehen.

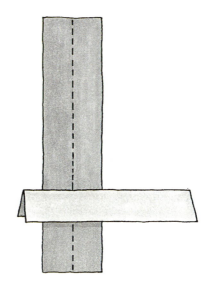

Das Tor faltest du wie die Häuser, nur dass du noch den Torbogen herausschneidest.

Spiel und Spaß im Freien

Bist du gerne draußen? Dann findest du hier für dich und deine Freunde genau die richtigen Spiel- und Bastelideen für tolle Stunden im Freien.

Windspiel

MATERIAL
- runde Käseschachtel aus Pappe
- bunte Plastiktüte
- Klebstoff
- Schere
- Baumwollfaden
- Stock

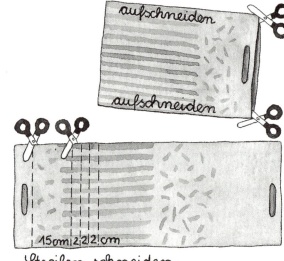

Trenne eine bunte Plastiktüte seitlich auf. Schneide einen 15 cm breiten Streifen und etwa fünfzehn 2 cm breite Streifen zu. Löse von einer Käseschachtel den Ring ab, streiche ihn mit Klebstoff ein und klebe den breiten Folienstreifen an. Dann klebst du die seitlichen Ränder übereinander und befestigst die schmalen Streifen unten am Plastikschlauch.
Bohre auf der anderen Seite, am Pappring, zwei sich gegenüberliegende Löcher. In diese knotest du einen etwa 25 cm langen Faden und in dessen Mitte einen zweiten Faden. Diesen kannst du dann an einem langen Stock, aber auch an einem Baum befestigen.

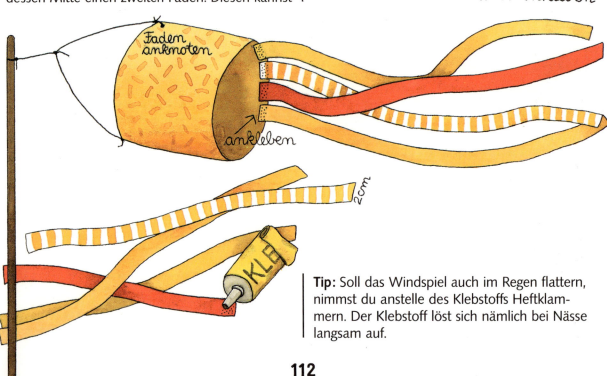

Tip: Soll das Windspiel auch im Regen flattern, nimmst du anstelle des Klebstoffs Heftklammern. Der Klebstoff löst sich nämlich bei Nässe langsam auf.

Wurf- und Fangtrichter

MATERIAL
- **Tonkarton**
- **Klopapierrolle**
- **Paketklebeband**
- **Klebstoff**
- **Schere**
- **Zirkel**
- **Plakafarben**

Zeichne mit einem Zirkel auf Tonkarton einen Halbkreis auf. Er sollte etwa einen Radius von 16 cm haben. Schneide ihn aus, forme den Karton zum Trichter und klebe ihn zusammen. Stecke den Trichter in eine Klopapierrolle.

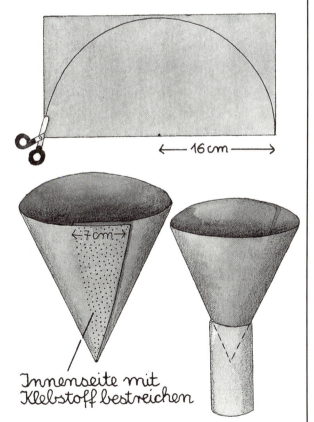

Schneide ein etwa 17 cm langes Stück Paketklebeband bis zur Hälfte ein. Klebe den Trichter mit dem Klebeband an der Papprolle fest. Zum Schluß kannst du den Trichter noch bunt bemalen.

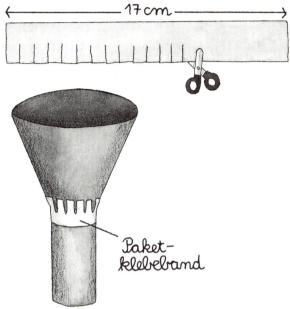

Spielregel:
Zwei Spieler stellen sich einander gegenüber, mehrere Spieler stellen sich in einen Kreis. Jeder hat einen Trichter in der Hand und wirft oder fängt mit diesem einen kleinen Ball. Wie oft schafft ihr es, den Ball zu werfen und zu fangen, ohne daß er den Boden berührt?

Bärenstarkes T-Shirt

MATERIAL
- T-Shirt (gewaschen)
- dicker schwarzer Filzstift
- Stoffmalfarben
- Borstenpinsel
- schwarzer Stoffmalstift

Ich, dein Bastelbär, wäre gerne immer beim Spielen und Basteln dabei. Nimmst du mich auf deinem T-Shirt mit?

Das Pausmuster vergrößerst du auf dem Fotokopierer und zeichnest die Linien auf der Kopie mit einem schwarzen Filzstift nach. Dann legst du die Zeichnung zwischen Vorder- und Rückenteil des T-Shirts an die gewünschte Stelle und ziehst die durchscheinenden Linien mit einem schwarzen Stoffmalstift nach.

Zeitungen zwischen Vorder- und Rückenteil legen

Deckel oder Teller

Stecke vor dem Ausmalen mit Stoffmalfarben einige Lagen Zeitungspapier in das T-Shirt, damit die Farbe nicht auf das Rückenteil durchdringen kann.

Nach dem Anmalen und dem Trocknen mußt du dein Gemälde noch fünf Minuten von der Rückseite bügeln.

zum Vergrößern

Kirschkernspucken

MATERIAL
- **Streichholzschachteln**
- **Schaschlikspieße**
- **buntes Papier**
- **Schere**
- **Klebstoff**

Kirschen schmecken lecker, und wenn man sie draußen ißt, kann man mit ihren Kernen einen lustigen Weitspuckwettbewerb veranstalten.

Schneide aus buntem Papier ein Dreieck aus.

Bestreiche eine Seite mit Klebstoff und klebe es als Fähnchen oben um einen Schaschlikspieß. Beklebe eine Streichholzschachtel mit buntem Papier, bohre oben ein kleines Loch und stecke das Fähnchen hinein.

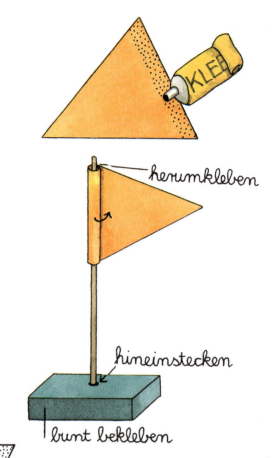

Spielregel:
Alle Weitspucker stellen sich hinter eine Linie. Damit jeder weiß, wie weit er seinen Kern gespuckt hat, bekommen alle ein Fähnchen in der Farbe ihrer Wahl. Das stellen entweder die Spieler selber an den Punkt, wo ihr Kern gerade gelandet ist, oder ein wechselnder Mitspieler wird dazu auserkoren, die Fähnchen zu setzen. Sieger ist natürlich derjenige, der seinen Kern am weitesten spucken kann.

Murmeln

> **MATERIAL**
> - lufttrocknende Modelliermasse
> - Plakafarben

Du wirst sehen, mit selbstgeformten Murmeln macht das Spielen noch mehr Spaß.
Rolle aus der Modelliermasse kleine Kugeln. Das geht am besten zwischen deinen Handflächen.

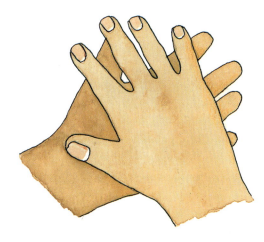

Es macht gar nichts, wenn die Murmeln verschieden groß werden. Lasse die Kugeln über Nacht trocknen und male sie mit Plakafarben bunt an.

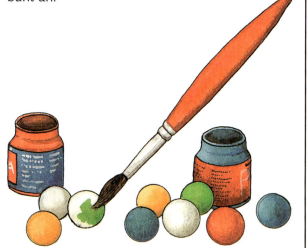

Spielregeln für Murmelspiele:

Neuner
In den Boden werden neun gleich große Löcher gegraben, so wie es auf der Zeichnung zu sehen ist. In das mittlere Loch legt jeder Mitspieler eine Murmel als Einsatz. Von einem vorher festgelegten Punkt zielt einer nach dem anderen auf die Löcher. Wer das mittlere Loch trifft, darf die darin liegenden Murmeln behalten. Wer in eines der anderen Löcher trifft, muß eine Murmel in das Mittelloch legen.

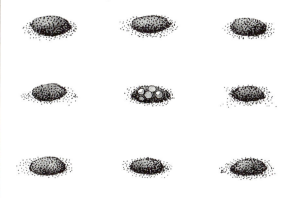

Schlößchen
Ein Kind, der „Schloßherr", baut sein Schlößchen auf. Dazu legt es vier Murmeln eng zusammen, eine fünfte setzt es obendrauf. Von der 2 m entfernten Startlinie rollen die anderen Kinder der Reihe nach ihre Murmeln auf das Schlößchen zu. Wer es trifft, bekommt alle fünf Murmeln. Wer nicht trifft, muß dem „Schloßherrn" fünf Murmeln abgeben. In der nächsten Runde wechselt der „Schloßherr".

Sonnenblumenbrötchen

> **MATERIAL**
> - gelbes Papier
> - Schere
> - Backzutaten

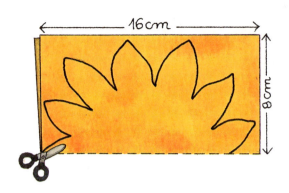

Im Spätsommer, wenn die Sonnenblumen verblüht sind, ist es wieder soweit: Ihre Samen können aus den großen Blütentellern herausgepult werden. Das macht Spaß! Und dazu ißt du frischgebackene Sonnenblumenbrötchen, die mit Blütenblättern aus gelbem Papier wie richtige Sonnenblumen aussehen.

Für die Sonnenblumenblütenblätter nimmst du jeweils ein 16 x 16 cm großes gelbes Papier. Falte es in der Mitte, übertrage das Pausmuster und schneide die Blätter aus. In die Mitte legst du ein gebackenes Brötchen.

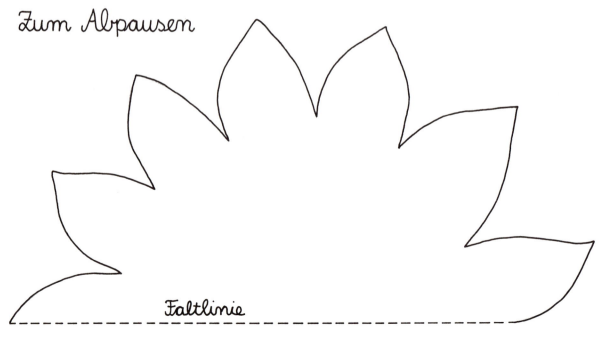

Zum Abpausen

Faltlinie

Backzutaten für ca. 15 Brötchen:

2 Tassen geschälte Sonnenblumenkerne
(1 Tasse für den Teig,
1 Tasse für oben drauf)
500 g Weizenvollkornmehl
150 g Weizenmehl
1/2 l Buttermilch
3 Beutel Trockenhefe
1 TL Salz

Mit der Küchenmaschine oder mit der Hand alle Zutaten zusammenkneten. Den Teig mit einem Geschirrtuch abdecken und gut 1 Stunde lang gehen lassen. Kleine Brötchen formen. Obendrauf Sonnenblumenkerne streuen und etwas eindrücken. Auf ein Backblech legen und nochmals 1 Stunde gehen lassen. Die Brötchen bei 220 Grad (Gas Stufe 4) etwa 20 Minuten backen.

Übrigens – die Kerne, die du rauspulst, kannst du nach dem Trocknen und „Knacken" für neue Brötchen verwenden.

Chamäleonsuche

> **MATERIAL**
> - **Karton**
> - **Plaka- oder Deckfarben**
> - **Schere**

Zum Schutz vor ihren Feinden können Chamäleons ihre Hautfarbe ihrer Umgebung anpassen, so daß sie nur ganz schwer zu entdecken sind.

Übertrage die Umrisse des Chamäleons mehrmals auf Karton und schneide sie aus. Male die Tiere von beiden Seiten in verschiedenen Farben an. Nimm dabei möglichst Farbtöne, die auch in der Natur vorkommen.

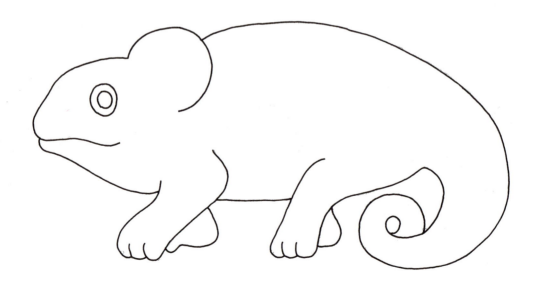

Pausmuster

Spielregel:
Die Chamäleons werden von einer Person im Garten, im Hof oder im Gelände versteckt. Sie sollen dabei möglichst offen hingelegt werden, das bedeutet, daß das „Versteck" nach der Hautfarbe des Tieres ausgewählt werden muß. Alle anderen Kinder müssen die Chamäleons suchen. Wie viele entdeckt jeder?

Flatterball

MATERIAL
- Wattekugel (Durchmesser ca. 7 cm)
- Stoffrest
- Zackenschere oder Schere

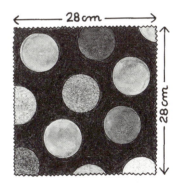

Einen Flatterball hat nicht jeder. Und dabei ist er ganz einfach selber zu basteln. Du kannst mit ihm spielen wie mit einem normalen Ball, nur sieht ein Flatterball viel, viel schöner aus, wenn er durch die Luft fliegt!

Aus einem Stoffrest schneidest du ein etwa 28 x 28 cm großes Quadrat und aus einem langen Stück Stoff mehrere 2 cm breite Streifen. Hast du eine Zackenschere zu Hause, benutze diese, dann fransen die Stoffränder nicht so leicht aus.

Lege die Wattekugel in die Mitte des Stoffquadrats, umhülle sie mit den Stoffzipfeln und binde alles oben mit den Stoffstreifen zusammen. Fertig ist der Flatterball.

Schmetterlinge fangen

MATERIAL
- dünne Pappe
- Büroklammern
- Wollfaden
- Schere
- Farbstifte oder Wasserfarben

Wattekugel

Die Schmetterlinge sind ganz fix gebastelt, fliegen können sie mit deiner Hilfe. Aber Vorsicht vor dem Schmetterlingsfänger!

Übertrage die Umrisse des Schmetterlings auf dünne Pappe, schneide ihn aus und male ihn bunt an. Knote einen 1 m langen Wollfaden an eine Büroklammer und stecke diese an den Kopf des Schmetterlings.

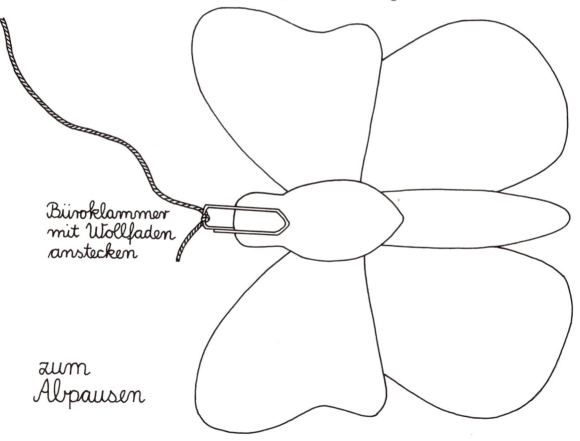
Büroklammer mit Wollfaden anstecken

zum Abpausen

Minigarten

MATERIAL
- flache Holzkiste (vom Obsthändler)
- Plakafarbe
- Borstenpinsel
- Plastikfolie
- Blumenerde
- Pflanzen, Steine, Sand …

Spielregel:
Ein Kind ist der Schmetterlingsfänger, die anderen lassen ihre Schmetterlinge fliegen, indem sie diese am Fadenende festhalten und beim Laufen über dem Kopf hinter sich herziehen. Kann der Fänger nach einem Schmetterling greifen, löst sich die Büroklammer vom Schmetterling. Welcher Schmetterling ist der schnellste und wird zuletzt gefangen?

Male eine flache Holzkiste von außen mit Plakafarbe an. Lege die bemalte Kiste mit Plastikfolie aus und fülle sie mit Blumenerde. Einpflanzen kannst du nun alles, was du auf Wiesen und am Wegrand an kleinen Pflanzen findest, zum Beispiel Grasbüschel und Blumen. Mit Steinen und Sand kannst du noch Wege anlegen, vielleicht sogar ein Gartenhäuschen aus Rindenstückchen, Aststücken oder Steinen bauen? Später das Gießen nicht vergessen!

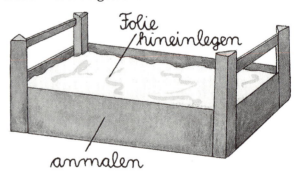

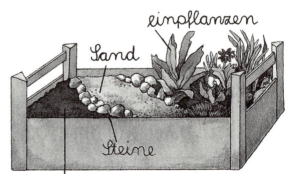

Steinkiste

> **MATERIAL**
> - Schuhkarton
> - Plaka- oder Deckfarben
> - Plaka-Mattlack
> - Borstenpinsel

Mit Steinen kann man toll spielen. Damit du nicht jedesmal neue suchen mußt, bastelst du dir am besten eine Steinkiste.

Du entfernst von einem Schuhkarton die Klebeetiketten und bemalst ihn von außen mit bunten Farben. Nach dem Trocknen kannst du zum Schutz noch eine Schicht Mattlack auftragen.

Spielideen mit Steinen:

Türme bauen
Zuerst müssen ganz viele (flache) Steine gesammelt werden. Denn nach dem Startzeichen muß jedes Kind einen Turm aus möglichst vielen Steinen bauen. Es hat dafür etwa vier Minuten Zeit. Dann werden gemeinsam die Steine jedes Turms gezählt. Sieger ist derjenige, der die meisten Steine aufeinanderstapeln konnte. Es kommt also nicht auf die Höhe des Turms an.

Barfußtransport
Steine mit den Händen tragen kann jeder, aber mit den Füßen? Bei diesem Spiel müssen Schuhe und Strümpfe ausgezogen werden. Die Kinder teilen sich in zwei gleich starke Gruppen auf. Jetzt müssen von einer Startlinie aus kleine Kieselsteine, unter die Zehen geklemmt, zu einem Zielpunkt getragen werden. Und zwar so viele Steine auf einmal wie möglich. Der zweite Spieler darf starten, wenn der erste wieder zurückgelaufen ist und ihn angetippt hat. Sind alle Kinder gestartet, werden die Steine im Ziel für jede Gruppe zusammengezählt. Gewinner ist die Gruppe mit den meisten Steinen.

Im Wald

Toll, so ein Spaziergang durch den duftenden, kühlen Wald! Und mit den Funden kannst du zu Hause wunderbar basteln. Also das Sammeln nicht vergessen!

Haus

MATERIAL
- Karton
- Leim
- dünne Äste
- Moos
- Rinde
- Watte

gesägten Ästchen. Lasse alles gut trocknen, bevor du das Haus zusammenklebst.

Zum Schluß füllst du die Dach- und Hausritzen mit Moos. Als Kamin nimmst du ein schräg gesägtes Aststück, aus dem du noch Watterauch aufsteigen lassen kannst.

Zuerst schneidest du die Kartonteile aus. Dann beklebst du die vier Hausseiten mit großen Rindenstücken. Mit einem spitzen Messer schneidest du Fenster und Türen aus. Den Dachstreifen beklebst du mit möglichst geraden, gleich lang

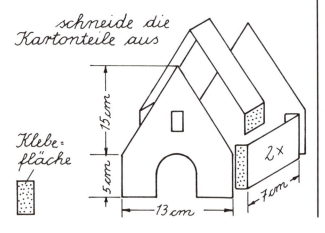

Allerlei Gestalten

MATERIAL
- Äste
- Waldfunde
- Stoffreste
- Leim

Entscheide du, welche Spielfiguren du machen möchtest. Aber vergiß nicht all die Wurzelmännchen, die Gnomen und Geister. Mit deinen Waldfunden und etwas Phantasie kannst du sie alle lebendig werden lassen.

Verschiedene Figuren

Ob in dem kleinen Häuschen wohl eine Hexe wohnt und den sieben Zwergen nachwinkt, die auf ihrem Rindenschiff Schneewittchen besuchen fahren? Oder vielleicht schleicht der Wolf schon durch den Wald auf der Suche nach Rotkäppchens Großmutter?

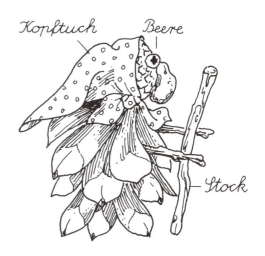

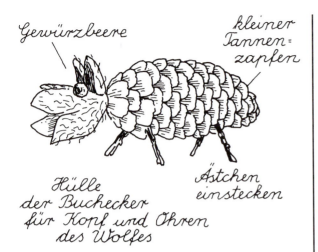

Zwerg

Wenn du ein Aststück ganz schräg durchsägst, erhältst du die Grundform für einen Zwerg. Die Schnittfläche ist sein Gesicht. Mit allerlei Waldfunden, wie zum Beispiel Hölzchen, Steinchen, Waldfrüchten, Samen, Flechten, Moos, Wolle und trockenem Gras gestaltest du sein Gesicht. Dann formst du ein dreieckiges Stoffstückchen zu einer spitzen Mütze, klebst sie zusammen und stülpst sie dem Zwerg auf den Kopf.

Bäume

MATERIAL
- Astscheiben
- Zapfen
- Kiefernzweige
- kleine Holzstücke

Schlange

MATERIAL
- Äste
- Schnur
- Holzperlen

Marionetten

> **MATERIAL**
> - Äste
> - Rinde
> - dünne Stämme
> - Ringschrauben
> - Hakenschrauben
> - Schnur
> - Nägel

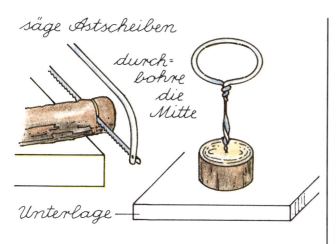

Suche dir ein Holzstück als Körper und säge es in die gewünschte Länge. Passend dazu wählst du die anderen Teile. Ring- und Hakenschrauben bilden die Gelenke zwischen den Körperteilen.

Die Löcher für die Schrauben bohrst du mit dem Nagelbohrer vor. Beachte dabei, daß sich die Haltung der Figur ändert, je nachdem, wo du die Ringschrauben für die Halteschnur eindrehst.

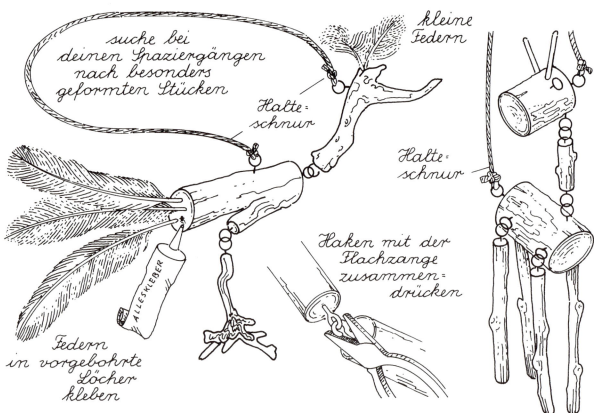

Sobald dir deine Marionette gut gefällt, drückst du die Haken mit einer Flachzange zusammen.

Hängematte

MATERIAL
- 2 Äste
- Schnur

1. Durchbohre die Äste jeweils an beiden Enden.

2. Ziehe die Randschnur ein und verknote sie vor und nach den Löchern. Dabei entspricht der Abstand zwischen den Ästen der Länge der Hängematte. Hinter den Ästen läßt du die Randschnur etwas länger, so erhältst du die Aufhängeschlingen.

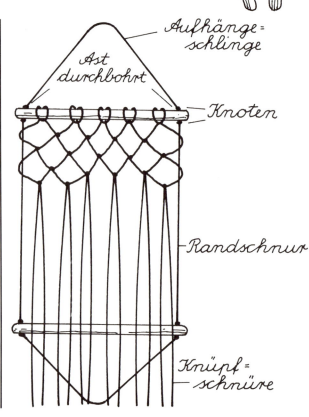

3. Damit du zum Knüpfen beide Hände frei hast, befestigst du eine der Aufhängeschlingen an deinem Gürtel, die andere gegenüber, zum Beispiel an einer Türklinke.

4. Die fünf Knüpfschnüre sollten vier- bis fünfmal länger sein als die fertige Hängematte. Du nimmst sie jeweils doppelt und hängst sie am dir entfernten Ast (an der Türklinke) ein.

5. Dann verknüpfst du immer zwei Schnüre durch einen Weberknoten miteinander. Auf diese Art knüpfst du das ganze Netz. Zum Schluß verknotest du noch die Schnurenden mit dem Ast, der mit der Aufhängeschlinge an deinem Gürtel befestigt ist.

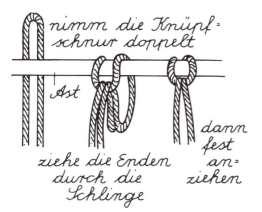

nimm die Knüpfschnur doppelt
Ast
ziehe die Enden durch die Schlinge
dann fest anziehen

so machst du den Weberknoten:
zuerst eine einfache Schlinge, dann eine zweite Schlinge seitenverkehrt

Mikado

MATERIAL
- Äste
- Wolle (blau, gelb, rot)

schäle die Äste mit dem Taschenmesser

klebe und wickle bunte Fäden um die Stäbe – du kannst dann eine Wertung vornehmen, z. B.:

🟡 zählt 1   🔵 zählt 3
🟠 zählt 2

Spielregel

Lasse das ganze Bündel Äste fallen. Jeder Mitspieler versucht nun, mit dem Fuß so viele Äste wie möglich aufzuheben, ohne daß sich die anderen Äste bewegen. Wer am Schluß die meisten Punkte hat, hat gewonnen.

Floß

MATERIAL
- Äste
- Schnur
- Stoffrest

Als Längshölzer sägst du gerade Äste in gleich lange Stücke. Zwei dicke Aststücke ergeben die Querhölzer.

1. Lege ein Längsholz auf das Querholz. Nimm die Schnur doppelt und lege die Schnurmitte unter das Querholz.

2. Führe jeweils beide Schnurenden über das Längsholz und kreuze sie unter dem Querholz.

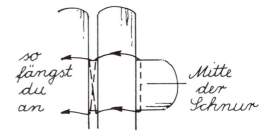

so fängst du an   Mitte der Schnur

diese Hölzer brauchst du:
2 Querstangen fürs Segel

Mast

Längshölzer

2 dickere Querhölzer

3 cm Überstand

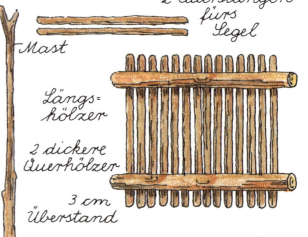

134

3. Nun legst du das nächste Längsholz hinter das erste, führst wieder die Schnurenden darüber und kreuzt sie unter dem Querholz.

4. Auf diese Weise verknüpfst du die ganze Reihe Längshölzer mit einem Querholz. Am Ende der Reihe verknotest du die beiden Schnurenden miteinander.

5. Lege das zweite Querholz gegenüber vom ersten unter die Längshölzer und verknüpfe diese genauso wie bei der ersten Reihe.

Zum Schluß befestigst du noch den Mast, wie du es in den Zeichnungen sehen kannst.

Rindenschiff

MATERIAL
- Kiefernrinde
- dünner Ast
- Blatt

Aus einem dicken Rindenstück schneidest du mit dem Taschenmesser die Grundform des Schiffes.

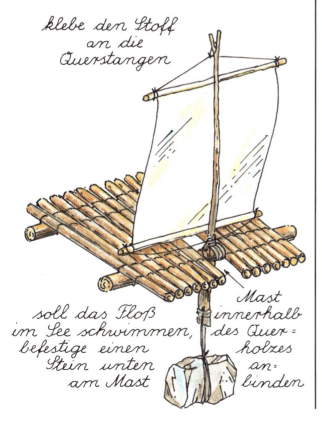

Dann bohrst du ein Loch für den Mast und spitzt eine dünne Rute zu, an die du ein Blattsegel klebst oder bindest. Du kannst auch einen Schlitz oben in die Rute schneiden, in dem du das Blattsegel einklemmst. Zum Schluß steckst du die Rute in das vorgebohrte Loch.

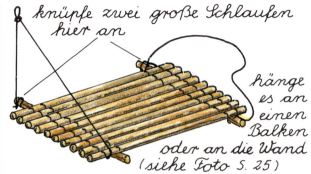

Regal

MATERIAL
- Äste
- Schnur

Das Regalbrett baust du wie das Floß.

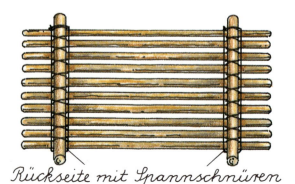

Hängebrücke

MATERIAL
- Äste
- Schnur

Die Hängebrücke kann in einen Steg übergehen, wenn du sie an den Enden auf Äste legst. Läßt du beim Zusammenknüpfen die Abstände zwischen den einzelnen Hölzern größer, hast du eine *Strickleiter.*

bilde eine Garnschlinge, lege das Holz hinein und zieh fest an

Rückseite

erfinde Abenteuer-Landschaften zum Spielen

Steg

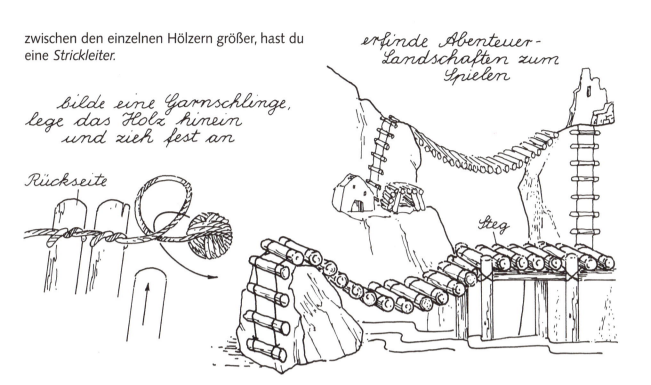

Basteln mit Salzteig

Ein bisschen Mehl, ein bisschen Salz, dazu ein wenig Wasser, das Ganze kräftig verkneten – schon hast du einen wunderbaren Bastelteig!

Salzteigrezept und Tips

MATERIAL
- 2 Teile weißes Mehl
- 1 Teil Salz
- 1/2 Teil Wasser

Die Zutaten vermischst du in einer Schüssel und knetest sie, bis ein geschmeidiger Teig entsteht. Ist er zu weich, nimmst du mehr Mehl, ist er zu bröckelig, brauchst du noch etwas Wasser.

Werkzeuge
Außer mit den Händen kannst du den Salzteig mit Holzstäbchen, Messer, Gabel, Knoblauchpresse, Nudelholz und anderen Haushaltsgegenständen bearbeiten. Probiere es aus!

Gerüste
Um zu verhindern, daß dir größere Formen wieder zusammenfallen, baust du ein Gerüst. Dazu eignen sich kleine Deckel, Draht, Zahnstocher, Schaschlikspieße usw. Den Teig drückst du einfach um das Gerüst herum fest.

Austrocknen
Die fertigen Modelle stellst du auf einem Teller oder Brett auf die Heizung oder in die Sonne. Wenn du sie ab und zu wendest, trocknen sie schneller.
Nicht in den Backofen stellen! Die Hitze macht den Salzteig braun und rissig und kann ihn verformen.

Färben und Bemalen
Salzteig kannst du mit Lebensmittelfarben einfärben oder die trockenen Modelle mit Wasserfarben bemalen.

Lackieren
Lackierst du deine Modelle nach dem Trocknen und Bemalen zum Beispiel mit Acryllack, werden sie haltbarer und unempfindlicher.

Teile anfügen und ausbessern
Füge einer kleinen Menge Salzteig so viel Wasser bei, bis ein weicher Brei entsteht. Diesen kannst du als Klebstoff verwenden, um Teile anzufügen oder abgebrochene Teile auszubessern.

Abschleifen
Mit Schmirgelpapier kannst du überflüssige Stellen wegschmirgeln und Oberflächen glätten.

Aufbewahrung
Wenn du Teig übrig hast, kannst du ihn in einem verschlossenen Gefäß, zum Beispiel einem Marmeladenglas, im Kühlschrank aufbewahren.

Allerlei Tiere

MATERIAL
- Zahnstocher
- Draht
- Walnußschalen
- Schneckenhäuser

Für die Schildkröten und Schnecken drückst du erst ein wenig Teig in die Walnußhälften und Schneckenhäuser und formst die Körper dann fertig.

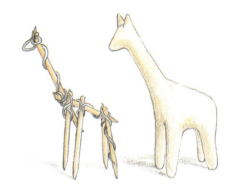

Die größeren Tiere brauchen zuerst ein Gerüst, das verhindert, daß die einzelnen Körperteile abbrechen. Am besten baust du es aus Zahnstochern und Draht.

Kakteen und Blumen

MATERIAL
- Kleine Blumentöpfe oder Deckel
- dünner Draht
- Holzspieße, Zahnstocher
- rosa Seidenpapier
- Stecknadeln

Pflanzen machen immer Freude, vor allem, wenn man sie nicht gießen muß!

Für den Kaktus drückst du ein Stück Salzteig in einen Blumentopf oder Deckel und steckst einen Holzpieß oder Draht als Gerüst hinein. Da herum formst du den Kaktus.

Wenn du ihn noch mit abgebrochenen Zahnstochern spickst, wird er richtig stachelig.

Oder soll dein Kaktus vielleicht blühen? Dann schneide aus Papier verschiedene Blüten aus und befestige sie mit Stecknadeln.

Bei Blumen dient ein Stück Draht als Stengel. Um die Teigblüten befestigen zu können, biegst du den Draht oben zu einer Schlaufe.
Für die Blüten formst du entweder einzelne Blütenblätter und drückst sie rund um den Draht aneinander, oder du stichst verschieden große Scheiben aus und legst sie übereinander.

Eine große Blüte formst du flach liegend und legst sie auf ein Stück Pappe, in das du ein kleines Loch gebohrt hast. Nun steckst du den

Draht von oben durch die Blume und die Pappe. Die Drahtschlaufe versteckst du in einer kleinen Kugel Salzteig.

Für ein Mobile mit sechs Sternen schneidest du sechs Bindfadenstücke von je etwa 30 cm Länge. An die Enden knotest du jeweils ein 1–2 cm langes Stück Streichholz.

Nun rollst du den Salzteig auf einer bemehlten Fläche gleichmäßig etwa 1 cm dick aus. Lege ein Streichholzstück mit Bindfaden so an den Teigrand, daß beim Zusammenklappen des Teiges das Streichholz darin verschwindet und der Faden heraushängt.

Stern-Mobile

MATERIAL
- Nudelholz
- Streichhölzer
- stabiler Bindfaden
- verschiedene Stöckchen
- Sternform

Rolle nochmals mit dem Nudelholz darüber. Wenn du jetzt die Sternform genau über dem Hölzchen (Stelle merken!) ausstichst, hast du den Stern schon mit Aufhänger.
Die Sterne bindest du an die Holzstöckchen und balancierst sie so aus, daß sie genügend Platz haben, um sich drehen zu können.

Bilderrahmen

> **MATERIAL**
> - Nudelholz
> - Messer
> - Gabel

Zuerst rollst du den Teig auf einer mit Mehl bestreuten Arbeitsfläche aus. Dann kannst du einen Kreis, ein Rechteck oder eine andere Form ausschneiden. Sie sollte ungefähr 2 cm größer sein als das Foto oder das Bild, das du später in den Rahmen klebst.

Du kannst auch einen Rahmen ausschneiden und auf die Form legen.

Den Rand verzierst du, indem du entweder mit einer Gabel Rillen hineindrückst oder ausgestochene Kreise und Quadrate daraufdrückst.

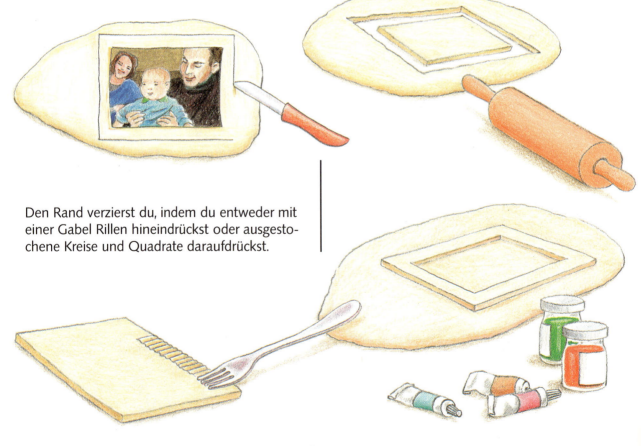

Wichtig ist, daß du den Rahmen flach liegend trocknen läßt. Wenn er angetrocknet ist, wendest du ihn und bohrst auf der Rückseite noch ein Loch zum Aufhängen hinein.

Vielleicht möchtest du den Rahmen nach dem Trocknen noch schön bemalen? Wenn die Farbe trocken ist, kannst du das Foto mit Alleskleber befestigen.

Abdrücke

> **MATERIAL**
> - Perlen, Knöpfe, Münzen
> - Büroklammer, Sieb
> - Gabel, Schrauben
> - Ringe usw.

Zum Abdrücken eignet sich fast alles, sogar deine Hände. Später sind das sehr schöne Erinnerungen.
Zuerst rollst du den Salzteig aus, aber nicht zu dünn, damit er nicht bricht. Und dann fängst du einfach an mit dem Eindrücken.

Für den Abdruck deiner Hände nimmst du als Arbeitsfläche ein mit Mehl bestreutes Brett, auf dem die Abdruckplatte auch trocknen kann. Den Teig rollst du ungefähr 3 cm dick aus und drückst deine Hände fest hinein, fertig!
Sehr schön sehen die Abdrücke aus, wenn du sie nach dem Trocknen mit bunten Farben bemalst.

Übrigens: Durch Eindrücken von Gegenständen kannst du auch andere Modelle, wie zum Beispiel Bilderrahmen und Schmuck, verzieren.

146

Schmuck

> **MATERIAL**
> - **Stricknadel, Draht**
> - **Klebstoff**
> - **Anstecker für eine Brosche**
> - **Haarspange**

Deine selbstgebastelten Schmuckstücke sind alle etwas ganz Besonderes – weil man sie nämlich nirgends zu kaufen bekommt.

Perlen kannst du aus Kugeln und Scheiben machen, die du mit einer Stricknadel durchbohrst. Die Kugeln rollst du in den Handflächen, die Scheiben schneidest du von einer Salzteigwurst.

Auf eine Stricknadel oder einen Holzspieß gesteckt, kannst du die Perlen wunderbar anmalen und lackieren.

In einen **Anhänger** bettest du ein Stück Draht, den du zu einer Schlaufe gebogen hast.

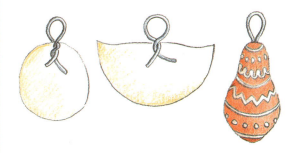

Eine **Brosche** formst du so, daß die Unterseite ganz flach ist. Im Bastelladen erhältst du den Anstecker, den du nach dem Trocknen auf die Unterseite klebst.

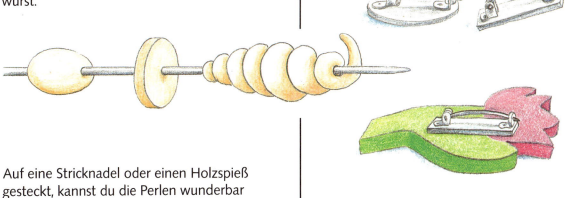

Aus einer einfachen Zopfspange wird ein ganz besonderer **Haarschmuck**, wenn du Salzteig an die Spange drückst und ihn in die gewünschte Form bringst. Ist der Teig trocken, nimmst du ihn von der Spange ab, bemalst und lackierst ihn und klebst ihn mit starkem Klebstoff wieder an.

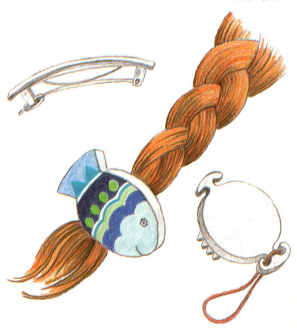

Spielfiguren

MATERIAL
- Karton, Papier
- Klebstoff

Die Spielfiguren, zusammen mit einer schön geschriebenen Spielanleitung und einem selbstbemalten Spielplan, sind ein originelles Geschenk für liebe Freunde.

Haare aus der Knoblauchpresse

Am einfachsten kannst du Dame- und Mühlesteine herstellen: Von einer Salzteigwurst schneidest du so viele Spielsteine, wie du brauchst. Die dunklen Steine färbst du entweder ein, oder du bemalst sie nach dem Trocknen.
Den Spielplan malst du auf Papier, das du zur Verstärkung auf ein Stück Karton klebst.

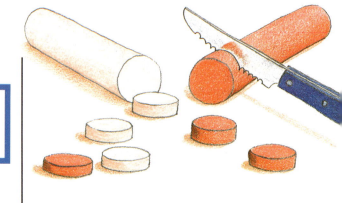

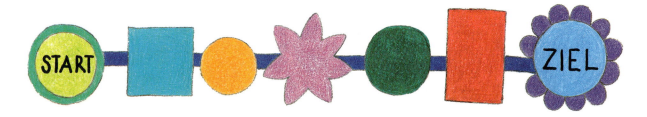

148

Magnethefter

> **MATERIAL**
> - Magnete
> - mittelfeines Schmirgelpapier
> - Ausstechform

Für vergeßliche Leute das ideale Geschenk: Mit diesen lustigen Magnetheftern können sie sich überall Merkzettel aufhängen.
(Die Magnete dafür bekommst du im Schreibwarengeschäft.)

Um ein Stück Schokolade zu formen, eignet sich ein rechteckiger Magnet. Du legst ihn auf eine bemehlte Arbeitsfläche und drückst fest einen Klumpen Salzteig darüber. Dann schneidest du mit einem Messer in geraden Schnitten so viel Salzteig rundherum weg, bis es wie ein Riegel Schokolade aussieht.

Für Plätzchen, Brötchen, Orangen- oder Bananenscheiben nimmst du einen runden Magneten.

Das Brötchen formst du mit der Hand und schneidest mit einem Messer Kerben ein.

150

Für ein Plätzchen drückst du den Teig fest über den Magneten und rollst ihn mit dem Nudelholz flach. Dann legst du die Ausstechform genau darüber und stichst das Plätzchen aus.

Zur Verzierung weiße Bohnen in den Salzteig drücken

Damit der Magnet unten mit dem Teig glatt abschließt, kannst du die Fläche abschmirgeln, aber erst, wenn der Teig ganz trocken ist. Das geht am besten, wenn du das Schmirgelpapier flach auf den Tisch legst und mit dem Magnethefter gleichmäßig darüberreibst.

Geschenkanhänger

MATERIAL
- **Feste Kordel oder ein Stück Kette**
- **Draht**

Je nach Größe und Form des Anhängers reicht ein einfaches Stück Draht als Schlaufe. Du kannst auch eine kleine Kette an einem Drahtgerüst befestigen, um das du den Salzteig dann formst.

Für kleine Indianer

Hallo, Häuptling Bleichgesicht! Hast du Lust mit aufs Pferd zu steigen und auf die Jagd zu gehen? Abends setzen wir uns ans Lagerfeuer und trommeln und feiern!

Häuptlingsschmuck

MATERIAL
- 1 Wellpappestreifen
- 2 Musterklammern
- Wasserfarben
- Lack
- Federn
- Klebstoff

Federn findest du am Strand, im Wald oder auf einem Bauernhof. Feine Daunenfedern erhältst du in einem Bettengeschäft. Sind die Federn verschmutzt, reinige sie vorsichtig in warmem Seifenwasser und laß sie an der Luft trocknen.

mit Musterklammern verschließen

Nimm einen Wellpappestreifen, der 5 cm länger ist als der Umfang deines Kopfes. Schneide dir Kartoffelstempel zurecht und bedrucke den Streifen mit einem bunten Muster. Zum Schutz trägst du eine dünne Lackschicht auf. Wenn du den Streifen um deinen Kopf legst, liegen die Enden übereinander. Durchbohre sie an zwei Stellen und verschließe sie mit Musterklammern.

Der Streifen sitzt fest um deinen Kopf und kann beliebig vergrößert werden.

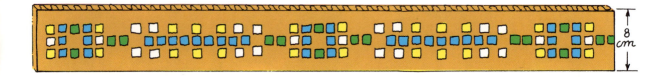

Ordne sie der Größe nach in rechte und linke Federn. Dann schiebst du sie – die größten vorne in der Mitte –, mit wenig Klebstoff versehen, in die Rillen des Wellpappestreifens.

Indianerbemalung

Mit der Gesichtsbemalung wird gezeigt, zu welchem Stamm ein Indianer gehört, welche Aufgaben er dort innehat, ob er in Trauer- oder Feststimmung ist, ob er sich auf der Jagd oder auf einem Kriegszug befindet. Besonders auffällig ist die Kriegsbemalung. Durch sie soll der Krieger geschützt und gestärkt werden. Du bekommst:
Schwarz aus Ruß
Weiß aus Kreide
Rosa und Rot aus Beerensäften
Gelb aus Karotten

Stirnband

MATERIAL
- festes Baumwollgarn
- Wollreste
- grober Kamm
- dicke Stopfnadel
- 1 Schachtel mit ca. 100 cm Umfang
- 1 Holzleiste

Wickle das Baumwollgarn 13mal so straff wie möglich um die Schachtel und verknote Anfang und Ende. Eine Handbreit oberhalb der Stelle, wo du mit dem Weben beginnst, schiebst du die Holzleiste quer unter die Fäden. Je dicker sie ist, desto mehr werden die Fäden gespannt, und du kannst gleichmäßiger und dichter weben. Verteile die Fäden gleichmäßig auf eine Breite von etwa 4 cm.

Nun fädelst du einen Wollfaden in die Nadel. Von der einen Seite her hebst du die ungeraden Fäden auf die Nadel, von der anderen Seite her die geraden.

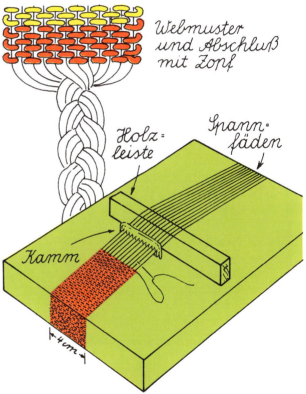

Nach jedem Durchgang schiebst du den durchgezogenen Faden mit Hilfe des Kammes dicht an das Webstück heran.

Bei 35 cm Länge nimmst du die Webarbeit von der Schachtel ab und schneidest die Spannfäden so entzwei, daß auf beiden Seiten des Bandes gleich lange Fadenenden übrigbleiben. Flicht sie jeweils zu einem Zopf und mache an den Enden einen Knoten.

das fertige Band mit einer Feder

Ketten

MATERIAL
- selbsthärtender Ton
- Wasserfarben
- Lack
- Korken
- Vorbohrer
- Federn
- Holzperlen
- Baumwollgarn
- Nadel
- Fundstücke aus der Natur

Aus dem Ton formst du Kugeln, Scheiben und lange Perlen. Solange der Ton weich ist, bohrst du durch jede Form ein Loch; dann laß sie trocknen. Bemale sie mit bunten Farben und bepinsel sie zum Schluß mit Lack.

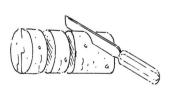

Die Korken schneidest du in Scheiben. Das machst du am besten mit einem scharfen Messer auf einem Holzbrett. Bohre Löcher durch die Scheiben.
Nun fädelst du abwechselnd Korkscheiben, Perlen und Federn auf. Alle diese Sachen kannst du auch zusammen mit Fundstücken zu einer Kette auffädeln.

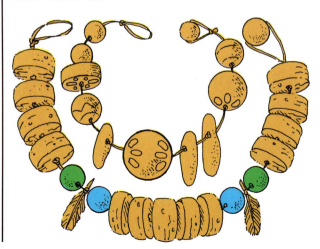

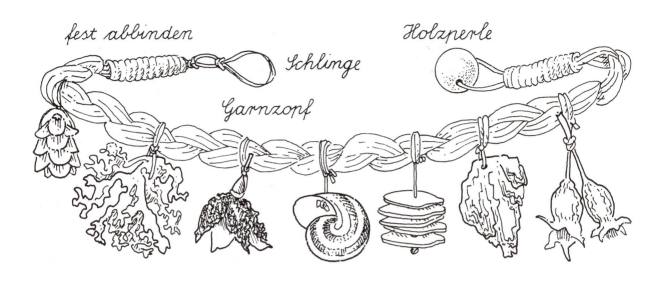

An den Strang hängst du mit Schnürchen die Fundstücke: Eicheln, Hagebutten, Kerne von Äpfeln, Kürbissen, Melonen und Sonnenblumen, Ahornsamen, Schneckenhäuser, Muscheln, Knöpfe, Perlen ... Das Naturmaterial sollte in möglichst frischem Zustand durchbohrt werden, damit es nicht zerbricht. Verschlüsse: An ein Ende der Kette knüpfst du eine Holzperle, die knapp in die Schlinge hineinpaßt.

Schneide Baumwoll- oder Leinengarn zu einem Strang zurecht. Je nach Wunsch läßt du ihn lose, zwirnst ihn oder flichst ihn locker zu einem Zopf. Die Enden werden fest abgebunden.

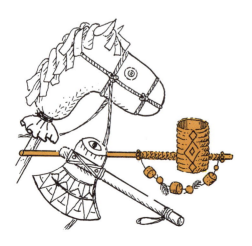

Pferd

MATERIAL
- 1 alte Wollsocke
- Bastelwatte
- Filzrest
- 2 Knöpfe
- 1 alter Besenstiel
- dicke Kordel oder Seil (etwa 2 m lang)
- Nähnadel
- Faden

Fülle zuerst den Fußteil der Socke bis zur Ferse mit Bastelwatte. Nachdem du den Besenstiel hineingesteckt hast, wird auch der restliche Sockenteil fest ausgestopft und zugebunden.

Die Ohren sind aus Filz. Sie werden doppelt ausgeschnitten, zusammengenäht, etwas ausgestopft und am Pferdekopf festgenäht. Als Augen nimmst du zwei Knöpfe.

Das Filzstück für die Mähne schneidest du auf den beiden schmalen Seiten ein. Nähe es so am

Pferdekopf fest, daß die obersten Streifen als Stirnfransen zwischen den Ohren nach vorne fallen.

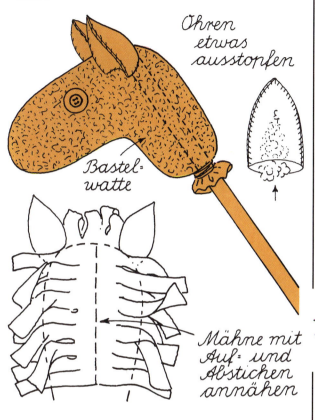

Auf der Zeichnung siehst du, wie das Zaumzeug am Kopf festgeknotet wird.

"Wilder Hengst" spielen
Pflückt lange Grashalme und bindet sie so an eure Gürtel, daß sie wie ein langer Schwanz hinter euch herfegen. Einer ist der wilde Hengst. Wer ihn jagt und ihm dabei auf den Schwanz treten kann, hat ihn eingefangen. Er ist nun selbst der wilde Hengst und wird von den anderen gejagt.

Bogen

MATERIAL
- 1 fingerdicker Ast (etwa 1 m lang)
- Paketschnur
- Kerzenwachs
- farbiges Tesaband

Laß dir von einem Erwachsenen einen Hasel-, Weiden- oder Eschenast schneiden. Einen Fingerbreit von jedem Ende entfernt kerbst du ihn ein. Mach an einem Ende der Schnur eine Schlinge, hänge sie in eine Kerbe und straffe sie bis zur anderen Kerbe so sehr, daß der Ast dabei gebogen wird. Dann knote die Schnur fest und wachse sie ein.

Den Griff kannst du noch mit Schnur umwickeln und mit Tesabandstreifen bekleben.

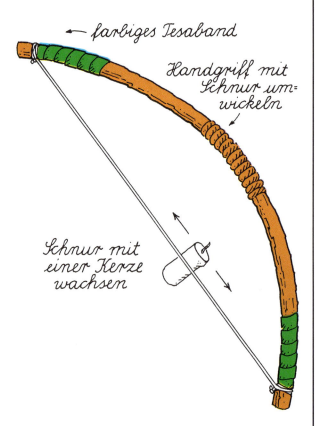

← farbiges Tesaband
Handgriff mit Schnur umwickeln
Schnur mit einer Kerze wachsen

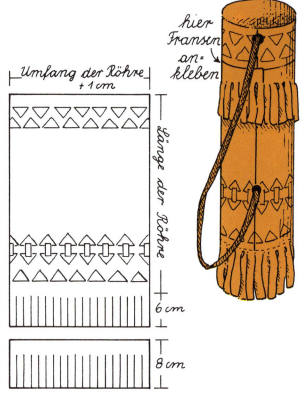

Umfang der Röhre + 1 cm
Länge der Röhre
6 cm
8 cm

hier Fransen ankleben

Köcher

> **MATERIAL**
> - 1 dicke Pappröhre mit Deckel (etwa 30 cm lang)
> - heller Stoff
> - Kordel (etwa 1 m lang)
> - Stoff- oder Wasserfarben
> - Klebstoff

In die obere Hälfte der Röhre werden senkrecht übereinander zwei Löcher gebohrt. Durch diese ziehst du eine Kordel und verknotest sie im Innern der Röhre.
Auf der Jagd hängst du den Köcher um und trägst darin deine Pfeile.

In beide Stoffstücke, die du der Größe der Röhre entsprechend zugeschnitten hast, werden viele Fransen geschnitten. Dann bemale beide Stücke oder bedrucke sie mit Kartoffelstempeln. Nach dem Trocknen der Farbe klebst du sie so um die Röhre herum, wie du es auf der Zeichnung siehst.

Pfeile

> **MATERIAL**
> - mehrere Holzstäbe oder gerade Zweige (etwa 50 cm lang und 6 mm dick)
> - Stoffreste (10 x 10 cm)
> - Bindfaden
> - Bastelwatte
> - farbiges Tesaband
> - mehrere Federn

In das hintere Ende der Holzstäbe schneidest oder sägst du eine Kerbe, breit genug für die Bogensehne. Die Spitze polsterst du mit Bastelwatte, umwickelst sie mit einem Stofflappen und bindest diesen fest. Der Pfeil wird dadurch ungefährlicher und leicht „kopflastig", was für seinen guten Flug nützlich ist. Mit Tesaband klebst du die Federn am Pfeilende fest.
Für eine Indianerausrüstung brauchst du mindestens fünf Pfeile.

Denk daran, daß du niemals auf Personen oder Tiere zielst! Am besten schneidest du eine Pappscheibe aus, bemalst sie und hängst sie an einen Baum. Damit kannst du deine Treffsicherheit üben und gefährdest niemand.

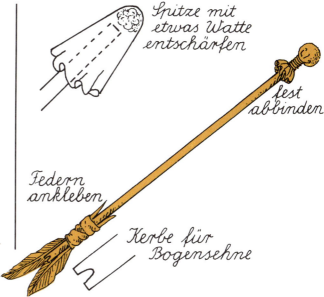

Beil und Speer

MATERIAL
- 1 alter Besenstiel
- Sperrholz (5 mm dick)
- Nägel
- Paketschnur
- Wasserfarben
- Lack
- Säge
- Schmirgelpapier
- 1 Bohnenstange
- bunte Bänder
- Federn
- farbiges Tesaband

Laß dir bei dieser Bastelarbeit von jemand älterem helfen.

Spuren legen

Freunden kannst du mit Spuren und Zeichen wichtige Mitteilungen machen. Feinde leitest du mit falsch gelegten Zeichen auf Irrwege. Ritze die Zeichen in den Erdboden. Auf Steine und Teer malst du sie mit Kreide. Du kannst auch mit Stöckchen, Steinen und Tannenzapfen Spuren legen.

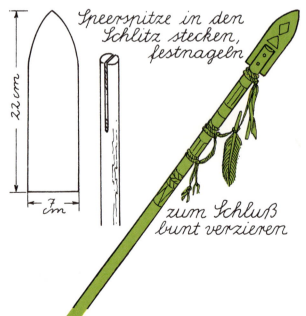

Für das **Beil** zeichnet ihr die Umrisse der Klinge auf Sperrholz, sägt sie aus und schmirgelt die Kanten rund. Ein Stück Besenstiel wird an einem Ende so tief und so breit eingesägt, daß die Klinge in diesen Schlitz eingesetzt werden kann und der Griff noch 1 cm darüber herausragt.

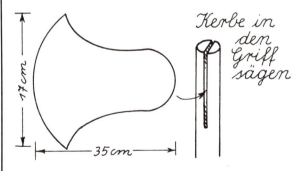

Für den **Speer** braucht ihr eine Bohnenstange von etwa 1,5 bis 2 m Länge. Das Einsetzen der Klinge in den Schaft geht genauso wie beim Beil. Schmückt den Speer mit Farbe, Tesaband, Federn, Schnur oder Stoffbändern.

Klinge und Griff könnt ihr bemalen und lackieren. Die Klinge nagelt ihr im Griff fest und umwickelt sie zusätzlich mit Schnur.

Rühre den Kleister an und reiße zwei bis drei Bogen Zeitungspapier in schmale, kurze Streifen. Die Glühbirne wird auf die Papprohre gesetzt und diese mit zerknülltem Papier ausgestopft. Die erste Lage Papierstreifen wird nur angefeuchtet und rund um das Glas gelegt. Dann folgen sechs bis sieben Schichten bekleisterte

Rassel

MATERIAL
- 1 ausgebrannte Glühbirne
- 1 Papprohre von Haushaltsfolie
- Zeitungspapier
- Kleister
- Wasserfarben
- Lack

Papierfetzen, die kreuz und quer über Glas und Pappröhre geklebt werden.

Dabei muß die Röhre fest mit der Birne verbunden werden! Nach drei Tagen ist die Rassel trocken. Schlage sie vorsichtig gegen eine harte Fläche, damit das Glas im Innern zerbricht.

Die Scherben rasseln nun bei jeder Bewegung. Zum Schluß wird die Rassel noch hübsch bemalt und lackiert.

Trommel

MATERIAL
- 1 leere Waschmitteltonne
- 1 Fensterleder
- Paketschnur
- weiße Dispersionsfarbe
- Wasserfarben
- Lack
- 2 Rundhölzer (40 cm lang) oder 2 Holzkochlöffel
- Bastelwatte
- Stoffreste
- Faden
- Klebstoff

Das Rasselspiel
Die kleinen Indianer bilden einen Kreis. In ihrer Mitte sind zwei ihrer Freunde, der eine mit verbundenen Augen, der andere mit der Rassel in der Hand. Der „blinde" Verfolger versucht nun, den Kameraden aufgrund der Rasselgeräusche zu orten und zu fangen.

Die Außenseite der Waschmitteltonne wird mit weißer Dispersionsfarbe grundiert. Nach dem Trocknen kannst du mit leuchtenden Farben deine Muster aufmalen.

In den Bodenrand bohrst du in regelmäßigen Abständen zwölf Löcher.

Das Trommelfell aus Fensterleder wird rund zurechtgeschnitten. Es muß 5 cm größer sein als der Durchmesser der Tonne.

3 cm vom Rand entfernt bohrst du in regelmäßigen Abständen ebenfalls zwölf Löcher in das Leder. Tauche es in kaltes Wasser, bis es sich vollgesogen hat. Dann wringst du es wieder aus.

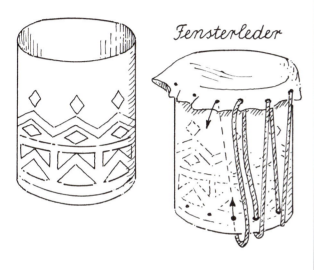

Jetzt kann die Trommel zusammengesetzt werden: du ziehst eine 3–4 m lange Schnur im Zickzack von einem Loch im Bodenrand durch ein Loch im feuchten Trommelfell zum nächsten Loch im Bodenrand ... bis die ganze Runde gemacht ist.

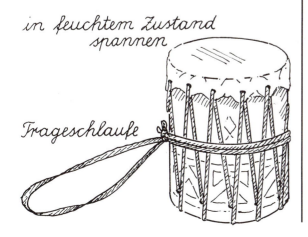

Zum Schluß ziehst du die Schnur straff und verknotest sie.

Als **Schlegel** dienen zwei Rundhölzer, deren Griffe mit Schnur umklebt sind, oder zwei vorne mit Bastelwatte gepolsterte und mit Stofflappen umwickelte Kochlöffel.

Friedenspfeife

MATERIAL
- 1 feste Pappröhre (6 cm lang, ⌀ 3 cm)
- 1 Rundholzstab (40 cm lang, ⌀ 1 cm)
- fester Karton
- Filzreste
- Schnur
- Klebstoff
- Nadel
- Faden
- Federn
- Korkscheiben
- Holzperlen

Durchbohre die Röhre an zwei einander gegenüberliegenden Stellen, stecke den Holzstab durch diese beiden Öffnungen und klebe ihn fest.

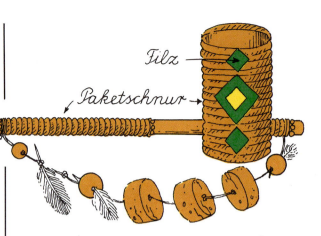

Den Pfeifenkopf kannst du – am Boden beginnend – mit Schnur umwickeln und zusätzlich mit Filzresten schmücken. Auch um den Holzstab herum klebst du Schnur, dazu auf einen Ring gefädelte Holzperlen. Eine Kette aus Korkscheiben und Federn gibt der Pfeife ein festliches Aussehen.

Verschließe die Papphöhre am unteren Ende mit einer passenden Kartonscheibe und klebe diese an den ausgeschnittenen Zacken fest.

Tabaksbeutel

MATERIAL
- 1 Stück Filz (35 x 35 cm)
- 2 Schnürsenkel (70–120 cm lang)
- Wollreste
- Holzperlen
- Nadel

Schneide aus dem Filz einen Kreis. 2,5 cm vom Rand entfernt bohrst du alle 4 cm ein kleines Loch. Fädle einen der Schnürsenkel durch alle Löcher und verknote seine Enden.

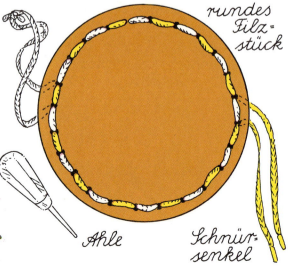

Mit dem zweiten machst du dasselbe, beginnst mit dem Einfädeln jedoch auf der gegenüberliegenden Seite. An die Schnürsenkel hängst du als Schmuck bunte Perlen und Wolltroddel.

Für die Aufhängung ziehst du Wollfäden in eine Nadel ein, gehst mit der Nadel durch eine Holzperle, um den Schnürsenkel herum und zurück durch die Perle.

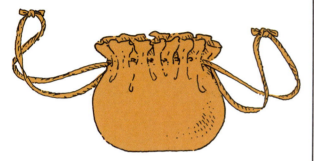

Schließe mit einem Knoten ab, damit die Perle nicht herausrutscht.

Den Beutel füllst du mit getrockneten, duftenden Kräutern wie Lavendel, Rosmarin, Thymian oder mit Rosenblättern.

Ferien am Meer

Ob in der Ferienwohnung oder wieder daheim: mit Fundsachen vom Meer wie Muscheln, Federn, Steinchen oder Ästchen lassen sich die schönsten Sachen basteln.

Sonnenschild

MATERIAL
- biegsamer Karton
- Gummiband
- Zeitschriften oder Papier und Farbstifte
- Schere
- Klebstoff

1. Die Umrisse von dem Schild nebenan überträgst du vergrößert auf einen biegsamen Karton und schneidest sie zweimal aus.

2. Auf ein weißes Blatt Papier malst oder klebst du zum Beispiel eine Palmenlandschaft, eine Piratenszene, Matrosen im Boot, Tiere oder eine Häuserkette. Dieses Bild hinterklebst du mit Karton und schneidest es aus. Unten läßt du etwa 2 cm Rand stehen, in den du Zacken einschneidest.

3. Die Zacken klebst du auf ein Schildteil, das zweite klebst du dagegen, so daß die Zacken dazwischen liegen.

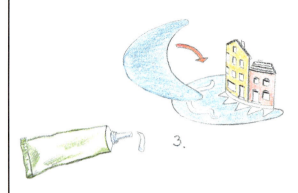

4. Seitlich bohrst du Löcher und ziehst ein Gummiband durch, das deinem Kopfumfang angepaßt ist.

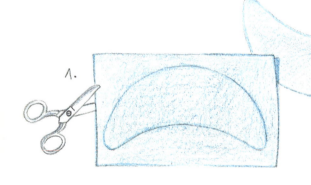

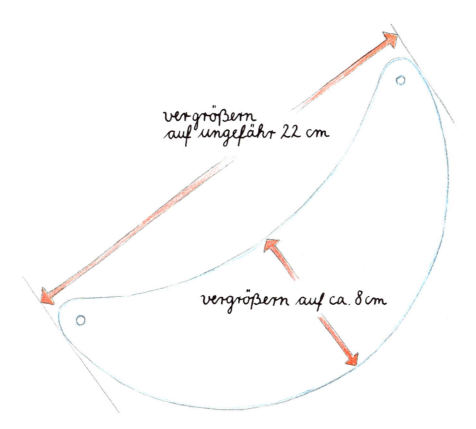

Fernglas und Fernrohr

MATERIAL
- 2 kleine Papprollen
- 3 große Papprollen
- Schnürsenkel oder Band
- Plastiktüte
- Klebstoff
- Schere
- Klebeband

Für das Fernglas klebst du zwei kleine Papprollen zusammen, die du zum Schutz mit einem Stück Plastiktüte überziehst. Damit du das Fernglas auch umhängen kannst, bohrst du in die Außenseiten je ein Loch, ziehst ein Band durch und verknotest die Bandenden jeweils auf der Innenseite der Papprollen.

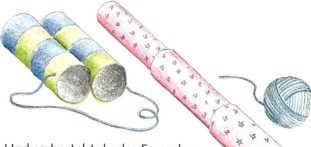

Und so bastelst du das Fernrohr:
1. Du legst drei Papprollen hintereinander. Aus der zweiten Rolle schneidest du ein 2 cm breites Stück, aus der dritten Rolle ein 4 cm breites Stück heraus.

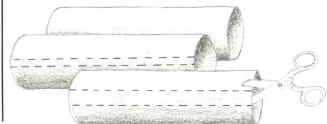

2. Die Schnittstellen klebst du mit Klebeband zu. So entstehen drei ineinandersteckbare Rollen.

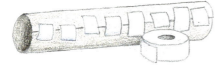

3. Die Rollen überziehst du mit einem Stück Plastiktüte, wie beim Fernglas.

4. Zur Verankerung schneidest du Verstärkerringe aus Pappstreifen und klebst sie so an die jeweiligen Rollen, wie es die Abbildungen zeigen.

Bei der unzerschnittenen Rolle klebst du den Verstärkerring innen an den Rand.

Bei der mittleren Rolle klebst du den Verstärkerring innen und außen an den Rand.

Bei der dünnsten Rolle klebst du den Verstärkerring außen an den Rand.

Und so steckst du die Rollen ineinander: Zuerst schiebst du die dünnste Rolle (A) in die mittlere Rolle (B).

Beide Rollen zusammen (A + B) schiebst du in die dickste Rolle (C).

Jetzt ziehst du die Rollen auseinander. Die Verstärkerringe halten die Rollen zusammen.

Schiffe, Boote, Leuchtturm

MATERIAL
- **Kartons und Behälter**
- **Styropor**
- **Stöckchen**
- **Papier**
- **Buntstifte**
- **Schnur**
- **Klebstoff**
- **Teelicht**

Zum Schiffs- und Bootsbau kannst du alles gebrauchen, was vom Meer angeschwemmt wurde oder in der Ferienwohnung weggeworfen wird. Als Anregung hier einige Modelle:

Faltboot „Smutje"

172

Spaghetti-Katamaran

Dampf-Fischkutter

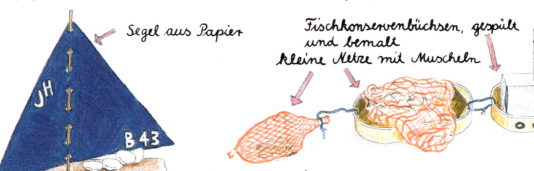

Segel aus Papier

Fischkonservenbüchsen, gespült und bemalt

kleine Netze mit Muscheln

Lebensmittelverpackung

Containerschiff „Packeis"

Beklebte und bemalte Schachtel

Klorollen-Schornsteine

Passagier aus Papier

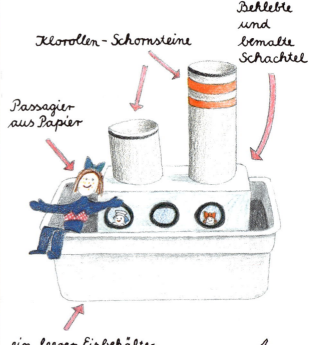

ein leerer Eisbehälter

Schwimmer aus Korken, Haarnadeln und Schnur

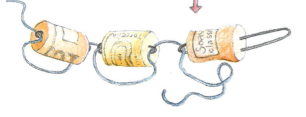

1. Du schneidest ein dreieckiges Segel aus und faltest es.
2. In die Faltkante schneidest du kleine Löcher.
3. Durch die Löcher steckst du ein Stöckchen als Mast.

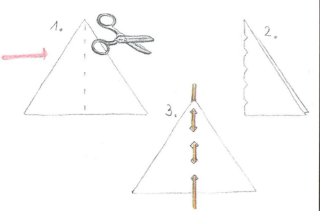

Leuchtturm

Du schneidest einen Bogen Papier so zurecht, daß er um eine leere Kaffeedose paßt. Du malst ihn an und klebst ihn rundherum auf die Dose.

Ein alte Büchse und ein leeres Glas bilden das Innere des Leuchtturms.

Das Glas füllst du mit Wasser und läßt ein Teelicht darin schwimmen.

Für das Dach des Leuchtturms kannst du mit Hilfe einer Untertasse eine Papierscheibe ausschneiden.

Die Scheibe knickst du zweimal und schneidest ein Loch aus der Mitte aus.

Danach schneidest du ein Stück vom Papier (wie ein großes Tortenstück) aus dem Kreis.

Wenn du die beiden Kanten zusammengeklebt hast, ist das Dach fertig und du kannst es auf den Leuchtturm setzen.

Schlüsselanhänger

MATERIAL
- kleines Plastikglas mit Schraubverschluß
- Schlüsselring oder -anhänger
- Minimuscheln, Schneckenhäuser, Sand, Glimmer …
- kurzer Nagel
- Klebefilm
- Metallkettchen

1. Du steckst zuerst das Metallkettchen mit dem Schlüsselring zusammen.

2. Bohre mit dem Nagel ein Loch in die Verschlußkappe, ziehe das Metallkettchen durch und befestige es auf der Innenseite, indem du den Nagel quer durch ein Glied des Metallkettchens schiebst. Den Nagel klebst du fest.

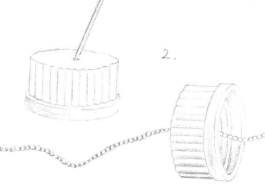

Buddelschiff

> **MATERIAL**
> - Glas mit großer Öffnung
> - Korallenstückchen, Steine, Gräser,
> - Muscheln, Schneckenhäuser, Sand,
> - Schiffchen oder Kahn
> - Pinzette oder Löffel
> - Standvorrichtung
> - Klebstoff
> - Knete

Je größer die Öffnung von deinem Glas ist, desto einfacher ist es auch, Schiff, Landschaft oder Szene einzubauen.

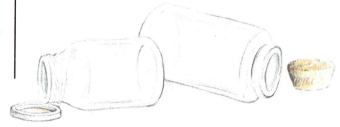

3. Das Plastikglas füllst du mit Sand, kleinen Muscheln, Schneckenhäusern, Glimmer oder was du sonst findest. Zuletzt verschließt du das Glas wieder und klebst den Verschluß fest.

Wenn du kein Plastikglas findest, suchst du am Strand nach einem passenden Schlüsselanhänger: Holzstückchen, Steine oder Muscheln mit einem Loch eignen sich hervorragend.

1. Als Standvorrichtung für das Buddelschiff nimmst du entweder ein Stück Rinde oder klebst zwei halbe Papprollen nebeneinander auf eine feste Unterlage.

2. In das Glas führst du zum Beispiel Steine, Gräser und Muscheln ein. „Bäume" steckst du in Knete, rückst sie mit einem Löffel oder einer Pinzette an die richtige Stelle und drückst sie fest. Du füllst Sand ein und gestaltest die Landschaft mit einem Boot oder Figuren.

3. Das Glas verschließt du und befestigst es auf der Standvorrichtung.

177

Flatternde Bänder und Fahnen

MATERIAL
- Plastiktüten
- Stock
- Schnur
- Zeitschriften oder Papier
- Trinkhalme oder Zahnstocher

Je länger die Bänder sind, desto toller flattern sie beim Strandlauf oder wenn du Fahrrad fährst im Wind.

1. Aus Plastiktüten schneidest du lange Bänder, wie es die Abbildung zeigt.

2. Die Bänder bindest du in der Mitte mit einem Schnurende zusammen und befestigst das andere Schnurende an einem Stock.

Fähnchen kannst du dir aus Zeitschriften ausschneiden oder selber malen. Das Fähnchenende klebst du um einen Zahnstocher oder einen Trinkhalm. So erhältst du wunderschönen Schmuck für Sandburgen, den Nachmittagskuchen oder auch fürs Haar.

Landschaftsbilder

MATERIAL
- Schachteln
- Strandfunde
- Klebstoff
- Knete
- Bilder aus Zeitschriften oder aus Urlaubsprospekten
- Klarsichtfolie

Ein Mitbringsel zum Verschenken.
Auf den Schachtelboden klebst du ein Bild mit einer Ferienlandschaft. Davor klebst du dann Funde aus dem Ferienort wie Gräser, Moos, Federn, Steine, Muscheln.

Bei tiefen Schachteln kannst du als Kulisse zusätzlich Gräser oder Ästchen in Knete stecken. Für eine Strandlandschaft füllst du den Boden mit Sand. Damit die einzelnen Gegenstände und der Sand nicht aus dem Bild fallen, deckst du deine Schachteln zum Schluß mit Klarsichtfolie ab.

Setzkasten

MATERIAL
- 1 großer Karton
- verschiedene kleine Schachteln
- Klebstoff

Dieser Setzkasten besteht aus allerlei Behältern, die du im Haushalt oder Supermarkt gesammelt hast. Die einzelnen Abteilungen füllst du mit verschiedenen Souvenirs, Raritäten und Schätzen, die du im Urlaub gefunden, gebastelt oder gemalt hast.

Wenn du möchtest, kannst du die einzelnen Abteilungen auch beschriften. Wie der Setzkasten angeordnet wird, hängt von deinen Funden ab. Aber er könnte etwa so aussehen:

In verschiedene Schachteln klebst du deine Erinnerungsstücke aus den Ferien ein: zum Beispiel Bilder aus Prospekten, Eintrittskarten, Federn oder andere hübsche Souvenirs. Die Schachtel füllst du noch mit Sand und legst Schneckenhäuser, kleine Perlen, Steine oder Zweige dazu.

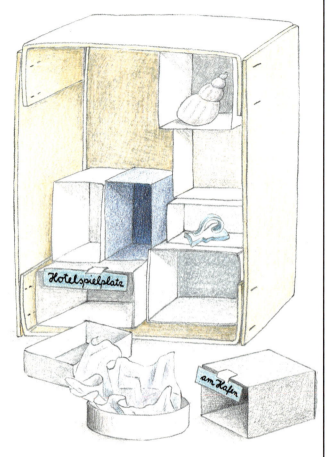

Erlebnisschachteln

MATERIAL
- Schachteln
- Bilder aus Zeitschriften
- kleines Strandgut
- Klebstoff

Ebenso kannst du Duftschachteln machen. Dazu sammelst du wohlriechende Gräser, Kräuter, Blüten oder Tang und ordnest sie hübsch in deiner Schachtel an.

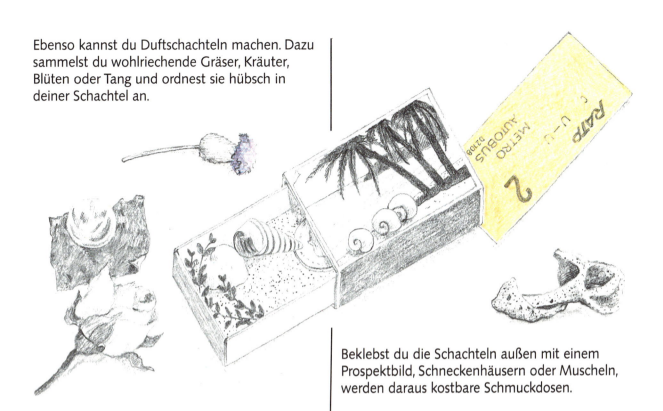

Beklebst du die Schachteln außen mit einem Prospektbild, Schneckenhäusern oder Muscheln, werden daraus kostbare Schmuckdosen.

Sand- und Strandspiele

Ringe werfen
Schneide Wurfringe aus festem Karton und bemale sie. Außerdem brauchst du Stöcke, die du auch bemalen oder verzieren kannst. Die Stöcke steckst du hintereinander in den Boden. Jeder Stock steht für eine Punktzahl: je weiter der Stock entfernt ist, um so mehr Punkte gibt es. Wer schafft es, die meisten Ringe über die Stöcke zu werfen und die höchste Punktzahl zu erzielen?

So kannst du Ringe ausschneiden mit Hilfe von Tasse und Teller

Kiesel-Boccia
Ein bunter Stein, eine Muschel oder ein Schneckenhaus dient als Puck. Jeder Spieler hat drei Steine. Wessen Wurf kommt dem Puck am nächsten? Auch in Mannschaften spielbar.

Sich eingraben
Drei Kinder werden eingebuddelt und bekommen ein Handtuch über den Kopf. Nun soll jeder einen Fuß frei machen. Welcher Fuß gehört wem? Das gleiche geht auch mit Händen.

Wasser-Stafette
Du brauchst für jeden Teilnehmer einen Behälter sowie pro Mannschaft einen großen Behälter. Die Rennstrecke legst du zwischen dem Meer und dem großen Behälter fest. Pro Mannschaft (auch eine 1-Mann-Mannschaft ist erlaubt) gilt es, so rasch wie möglich durch Hin- und Zurücklaufen den großen Behälter zu füllen. Welche Gruppe hat ihren Behälter als erste voll?

Buchstaben-Steine
Du sammelst flache Steine und malst auf jeden einen Buchstaben. Dann teilst du die Steine aus. Wer kann ein Wort legen?

Drei gewinnt
Ein Spieler mit drei Muscheln tritt gegen einen Spieler mit drei Schnecken an. In den Sand zeichnest du folgendes Spiel:

182

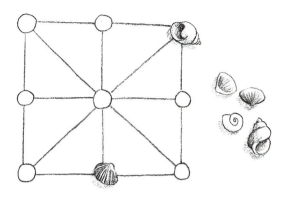

Abwechselnd wird ein Stein gesetzt. Wer zuerst seine drei Steine auf einer Linie hat (senkrecht, waagrecht oder diagonal), hat gewonnen.
Am Anfang wird gesetzt, dann nur verschoben. Springen ist nicht erlaubt.

Strandmobile

MATERIAL
- Äste, Zahnstocher oder Schaschlikspießchen
- Nähgarn
- Strandfunde

Als Erinnerung an die Ferien kannst du aus deinen Strandfunden ein Mobile basteln. Wichtig ist dabei, daß die Gegenstände nicht zu schwer sind und sich das Gleichgewicht gut ausbalancieren läßt. Nebenan siehst du ein Beispiel, bei dem jeder Gegenstand genügend Platz hat, sich zu drehen.

Basteln mit Holz

Mit Holzresten vom Schreiner oder Baumarkt kannst du prima basteln: Schiffe, Autos, Spieldörfer und noch viel mehr. Am besten legst du dir einen kleinen Vorrat an.

Werkzeug

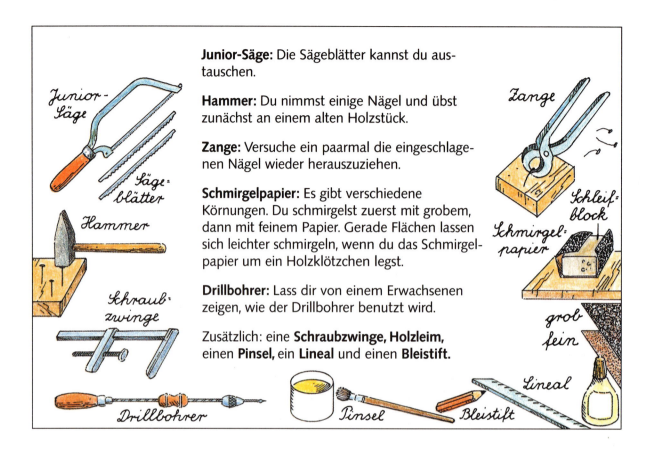

Junior-Säge: Die Sägeblätter kannst du austauschen.

Hammer: Du nimmst einige Nägel und übst zunächst an einem alten Holzstück.

Zange: Versuche ein paarmal die eingeschlagenen Nägel wieder herauszuziehen.

Schmirgelpapier: Es gibt verschiedene Körnungen. Du schmirgelst zuerst mit grobem, dann mit feinem Papier. Gerade Flächen lassen sich leichter schmirgeln, wenn du das Schmirgelpapier um ein Holzklötzchen legst.

Drillbohrer: Lass dir von einem Erwachsenen zeigen, wie der Drillbohrer benutzt wird.

Zusätzlich: eine **Schraubzwinge**, **Holzleim**, einen **Pinsel**, ein **Lineal** und einen **Bleistift**.

Werkbank

MATERIAL
- Holz- oder Spanplatte (2–3 cm dick, 25 x 25 cm)
- 2 Holzlatten (2,5 x 2,5 cm, Längen 20 cm und 25 cm)
- Nägel
- Holzleim

Wenn dir kein fest eingerichteter Arbeitsplatz mit Schraubstock zur Verfügung steht, so baust du zuerst diese kleine Werkbank, auch Stoßlade genannt. Du kannst Holz besser festhalten, wenn du es gegen die Lade drückst und arbeitest dadurch genauer und sicherer.

Du nimmst dafür die Spanplatte und die zwei Lattenstücke. Die Kanten der Holzteile rundest du mit Schmirgelpapier ab. Die Latten bestreichst du mit Leim und nagelst sie fest. Die Nägel dürfen dabei nicht länger sein als das Brett und die Latte dick sind.

Wenn du auf der Werkbank sägst, hakt sich die untere Latte an der Tischkante fest. Das kürzere Ende der oberen Latte dient als Führung für das Sägeblatt.

Garderobenständer

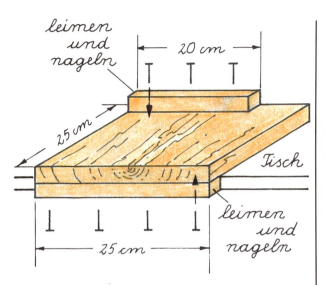

(Achtung Linkshänder: Für dich muss der freie Raum links oben an der Lade sein.)

MATERIAL
- Holzbrett (40 x 45 cm)
- Holzlatte (5 x 2 cm, Länge 2 m)
- Holzreste
- Nägel
- Korken

Du sägst von der Latte je ein 120 cm, ein 60 cm und zwei 10 cm lange Stücke ab. An dem Holzbrett sägst du die vier Ecken ab, so erhältst du den Kopf.

Die Kanten der Holzteile schmirgelst du ab. Aus Holzresten und allerlei Bastelmaterial gestaltest du ein lustiges Gesicht. Holzteile, die

nur mit einem Nagel befestigt werden, lassen sich nachher hin und her bewegen.

Auf den Zeichnungen siehst du, wie die übrigen Garderobenteile zusammengenagelt werden.

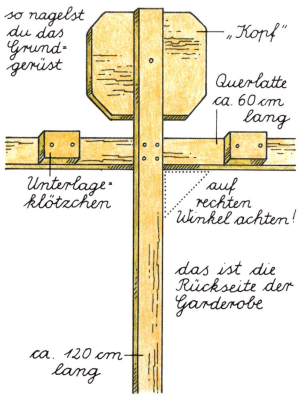

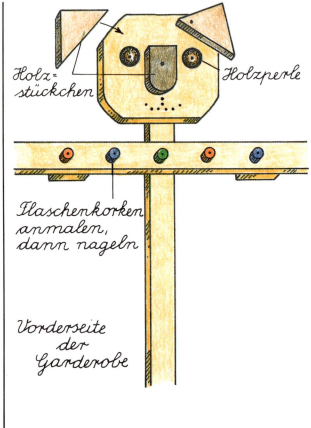

Zum Schluss nagelst du die bemalten Korken als Kleiderhaken an die Querlatte, wobei du unter freiliegende Teile der Latte ein Holzstück legst.

188

Schiffe

MATERIAL
- Holzbrett (2 cm dick, Länge 15 x 30 cm)
- Reste von Latten, Leisten und Rundhölzern
- Nägel
- Holzleim
- Farbe (Acryl)

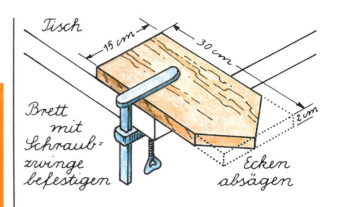

Du suchst dir ein Holzbrett, das sich für den Schiffsbau eignet. Mit der Schraubzwinge befestigst du das Holzbrett an deiner Werkbank und sägst es in die gewünschte Form.

Die Reste der Latten, Leisten und Rundhölzer nimmst du für die Aufbauten. Vor dem Aufleimen kannst du sie schmirgeln und bemalen. Fahnenstangen steckst du in ein vorgebohrtes Loch.

Das Schiff schmückst du ganz nach deinen Wünschen weiter aus. Wenn du es zum Schluss mit Lack bepinselst, ist es wasserfest.

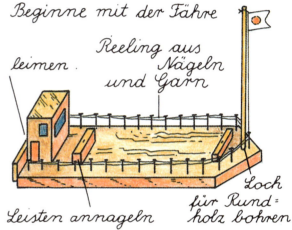

Frachtkahn

Ausflugsdampfer

Wasserrad

MATERIAL
- Vierkantholz (5 x 5 cm)
- Latten von Obstkisten
- Korkscheiben
- Stricknadel
- Nägel
- Holzleim

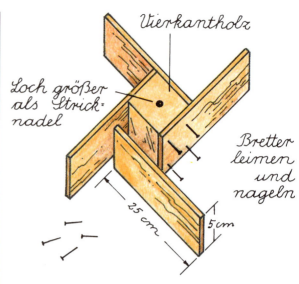

Aus den Latten der Obstkiste sägst du vier gleich lange Schaufeln. Das Vierkantholz, das 5 cm breit ist, lässt du von einem Erwachsenen genau in der Mitte durchbohren. Das Loch muss so groß sein, dass sich die Achse darin frei bewegen kann, auch wenn das Holz später durch die Feuchtigkeit aufquillt.
An jede Seite des Vierkantholzes leimst und nagelst du eine Schaufel. Steckst du nun die Stricknadel durch das gebohrte Loch, so dreht sich das Rad.
Dann befestigst du noch Korkscheiben auf beiden Seiten des Rades.

Am Bach legst du dein Wasserrad auf zwei Astgabeln, die du fest in den Boden steckst.

Am Brunnen oder in der Badewanne brauchst du jedoch einen Ständer. Du nagelst ihn aus Teilen einer Obstkiste zusammen (siehe Zeichnung). Wichtig sind die Kerben in den Seitenwänden als Halterung für die Stricknadel. Mit Hilfe der seitlich angebrachten Korkscheiben bleibt sie am gewünschten Platz.

Autos

MATERIAL
- Holzstücke
- Rondos (12 mm stark)
- Unterlegscheiben
- Nägel
- Farbe

Auf dem Holzstück zeichnest du an, was du absägen möchtest. Dann befestigst du es jeweils so mit der Schraubzwinge an deiner Werkbank, dass du nacheinander die Linien 1, 2 und 3 in Pfeilrichtung sägen kannst. Nach dem Abschmirgeln der Kanten und Flächen kannst du das Auto bemalen.

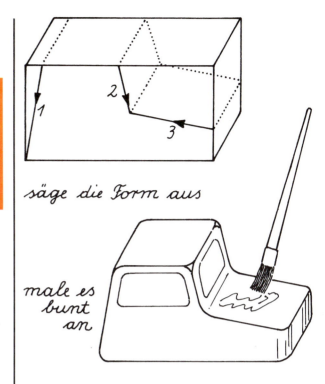

säge die Form aus

male es bunt an

Mit dem Drillbohrer durchbohrst du die Rondos genau in der Mitte. Dann nagelst du die Räder mit dünnen Nägeln an das Auto. Gibst du zwischen Rad und Auto jeweils eine Unterlegscheibe, fährt dein Auto noch besser.

Spieldörfer

MATERIAL
- Holzstücke
- Rondos
- Plakafarben
- Pinsel
- feste Folie

Rechteckig gesägte Holzstücke werden je nach Größe zu Plätzen oder Häusern, dreieckige zu Treppen, steilen Aufgängen, Vorplätzen und große, entzweigesägte Rondos ergeben die Hauskuppeln.
Aus allen Teilen zusammen entsteht ein **griechisches Dorf,** das du dir immer wieder neu zusammenstellen kannst. Nach dem Sägen schmirgelst du zuerst die einzelnen Teile. Dann kannst du sie bemalen.

Schneide aus einer festen Folie eine Schablone und tupfe mit einem Pinsel die Fenster und Türen auf die weißen Wände.
(Achtung: Jeweils nur wenig Farbe auf den Pinsel nehmen!)

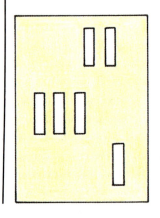
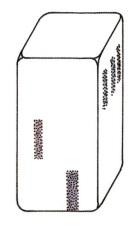

192

Die Häuser des **Bauerndorfes** unterscheiden sich von den griechischen Häusern durch die Bemalung und durch die Giebel. Diese entstehen durch zwei schräg von der Grundform abgesägte Teile (siehe Zeichnung).

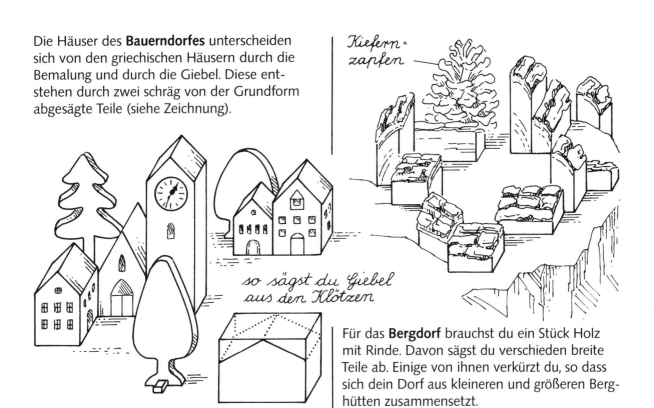

Für das **Bergdorf** brauchst du ein Stück Holz mit Rinde. Davon sägst du verschieden breite Teile ab. Einige von ihnen verkürzt du, so dass sich dein Dorf aus kleineren und größeren Berghütten zusammensetzt.

193

Alles aus Papiermaché

Lustige Fingerpüppchen, ein Angelspiel, verschiedene Gefäße, bunter Schmuck und vieles mehr kannst du ganz einfach aus Papiermaché formen. Probier es aus!

Tips

Im Bastelgeschäft bekommst du fertiges Papiermaché. Du brauchst es nur noch mit Wasser anzurühren. Wie's geht, steht auf der Verpackung. Die fertige Knetmasse kannst du in einem verschließbaren Glas aufbewahren.

Gerüst
Für große und kompliziertere Formen baust du dir am besten ein Gerüst als Kern. Dazu kannst du zum Beispiel zerknülltes Zeitungspapier nehmen oder Draht, einen Luftballon, einen alten Ball, Abfallmaterial wie Dosen, Joghurtbecher, leere Kunststoffbehälter, Schachteln...
Du kannst das Basteln zwischendurch auch unterbrechen und später an das getrocknete Papiermaché einfach eingekleistertes Papier anfügen.

Werkzeug
Zum Formen und Verzieren des weichen Papiermachés kannst du außer den Händen auch noch allerlei Gegenstände aus Küche und Werkzeugkasten benutzen, wie zum Beispiel Holzspießchen und Schraubenzieher.
Gut ausgetrocknete Gegenstände aus Papiermaché lassen sich mit Schmirgelpapier, Säge und Taschenmesser noch verändern.

Kleister
Ihn erhältst du, indem du 1/4 Liter warmes Wasser in ein Glas mit Schraubverschluß füllst, 1 gehäuften Teelöffel Tapetenkleister einrührst und das Glas verschließt. Nach 20 Minuten einmal kräftig schütteln, fertig.

Trocknen
In der Sonne oder auf der Heizung trocknen die fertigen Sachen am schnellsten. Größere Gegenstände brauchen allerdings einige Tage bis eine Woche, bis sie auch innen völlig trocken sind.

Bemalen
Wenn die Formen auch innen ganz trocken sind, kannst du sie bemalen.
Auf Papiermaché kannst du mit denselben Farben und Stiften malen wie auf Papier. Die Bemalung hält besonders gut, wenn du wasserbeständige Dispersions- oder Acrylfarbe nimmst. Das ist wichtig bei Sachen zum Spielen und Benutzen. Ein Tip noch: Wenn du die Basteleien erst mit weißer Dispersionsfarbe grundierst und dann bunt bemalst, werden die Farben besonders leuchtend.

Nachbehandeln
Ein Anstrich mit Vollglanz-Bodenreiniger schützt die mit Dispersions- oder Acrylfarbe bemalten Sachen und gibt ihnen einen schönen Glanz.

Angelspiel

MATERIAL
- 1 kleiner Magnet
- Schnur (ca. 50 cm lang)
- starker Klebstoff
- Klebefilm
- 1 Stock
- Pappe

Mit mehreren Angeln kannst du ein spannendes Wettfischen veranstalten. Geangelt werden Pfennigstücke, die der Fisch mit seinem Magnetmaul schnappen kann.

Klebe zuerst ein Schnurende am Magneten fest. Dann schneidest du aus Pappe zwei gleich große Fischteile aus, die du mit Klebefilm beidseits der Schnur dicht hinter dem Magneten zusammenklebst. Bestreiche die beiden Teile so lange mit Papiermaché, bis du eine schöne, dicke Fischform hast. Ist der Fisch ganz trocken, kannst du ihn bemalen und die Schnur am Stock festknoten.

Fingerpüppchen

MATERIAL
- Wolle oder Flaschendeckel
- Stoffrest
- Schuhkarton
- Klebstoff

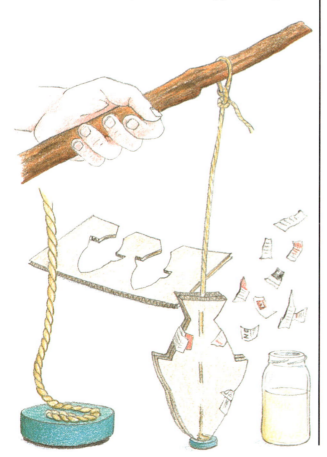

Zuerst formst du aus einer Kugel Papiermaché einen Fingerhut und läßt ihn trocknen. Dann gestaltest du um ihn herum die gewünschte Figur. Wenn die fertige Puppe ein Kleid bekommen soll, vergiß Hals und Schultern nicht, um es daran zu befestigen. Anschließend bemalst du die Puppe und klebst ihr aus Wolle Haare auf den Kopf. Oder du machst ihr aus einem Deckelchen einen Hut.

Hast du Lust, ein kleines Theater aus einem Schuhkarton zu basteln?
Für die Bühne schneidest du mit einem scharfen Messer ein Fenster in den Boden des Kartons. Dann kannst du sie noch bemalen oder bekleben und einen Stoffrest als Vorhang befestigen.

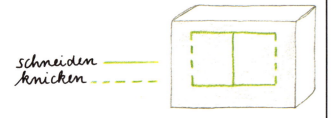

Lustige Pappnasen

MATERIAL
- Eierkarton
- Kleister
- Zeitungspapier
- Gummiband

Ob für Fasching, eine Party oder einfach nur, weil es Spaß macht: Diese Pappnasen sorgen bestimmt für lustige Stunden.

Aus einem Eierkarton schneidest du dir einen Becher heraus und beklebst ihn mit Schnipseln aus Zeitungspapier. Die Ränder der offenen

Seite verstärkst du mit besonders vielen Schnipseln und Kleister. Die Spitze formst du mit Hilfe von Papierknäueln zu einer Schnauze, einem Schnabel, einer Knubbelnase...

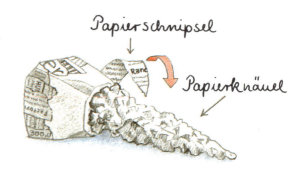

Wenn die Nase trocken ist, bohrst du zwei Löcher in die Ränder, um das Gummiband zu befestigen. Zum Schluß kannst du die Nase noch mit Dispersionsfarbe bemalen.

Buntstift-Aufstecker

MATERIAL
- Blei- oder Buntstifte
- Farbe

Mit lustigen Köpfen oder Figuren auf Bunt- und Bleistiften macht das Schreiben und Malen noch mehr Spaß.

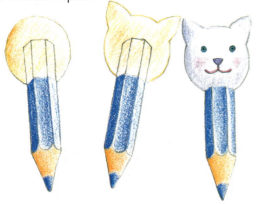

Zuerst stülpst du eine Kugel Papiermaché über das stumpfe Ende eines Stiftes und drückst sie fest. Dann modellierst du daraus die Form, die du haben möchtest. Zum Trocknen stellst du den Stift einfach in einen Becher.
Wenn das Papiermaché hart geworden ist, kannst du die Figur entweder gleich bemalen oder durch Schnitzen oder Schmirgeln noch verändern.

Schmucksteine

MATERIAL
- schöne, glatte Steine
- verschiedene Papiersorten
- Kleister

Mit ganz wenig Aufwand kannst du aus einfachen Steinen ganz besondere Schmuckstücke und Handschmeichler machen.
Zum Bekleben eignen sich alle dünnen Papiere, zum Beispiel schönes Geschenkpapier, Tortenspitze, Zeitungsausschnitte, ein kleiner selbstgeschriebener Brief, Luftschlangen, Konfetti aus dem Locher.

Den Stein streichst du mit Tapetenkleister ein und beklebst oder umwickelst ihn mit dem zurechtgeschnittenen oder -gerissenen Papier. Trocknen lassen, fertig!

Geheimschachteln

MATERIAL
- 1 leere Käseschachtel
- 1 Cremedose
- 1 Blumentopf
- Papier
- Pappe
- Kleister
- Spritzbeutel
- 1 langer Nagel
- Draht
- weiße Wandfarbe
- Dispersionsfarbe

Suchst du ein Geheimversteck für Schätze? In einer Torte, einer Zimmerpflanze oder einem Käsebrötchen würde sie bestimmt niemand vermuten.

Für die Torte bastelst du zuerst Früchte, Sahnetupfer und Kerze. Dann beklebst du die Schachtel mit Zeitungsschnipseln und Kleister. Mische aus Dispersions- und Wandfarbe „leckere" Farbtöne und bemale die Schachtel und Zutaten damit. Nach dem Trocknen klebst du die Früchte und Sahnetupfer mit Kleister auf die Torte und befestigst die Kerze mit Hilfe eines Nagels auf der Tortenmitte.

Für das Käsebrötchen formst du Papiermaché um die Dose und den Deckel und läßt es trocknen. Käse und Salatblatt schneidest du aus Pappe und Papier aus. In beides schneidest du in die Mitte einen Kreis, der so groß ist wie der Rand der Dose. Zum Schluß bemalst du Brötchen, Käse und Salat und setzt alles zusammen.

Für die Pflanze brauchst du ein rundes Stück Pappe, etwas kleiner als der obere Rand des Blumentopfes. An einem Streichholz befestigst

du einige Drahtschleifen. Schneide einen Schlitz in die Pappscheibe und schiebe das Drahtgebilde hinein. Jetzt beklebst du die Drahtschleifen mit Kleister und Papierschnipseln. Nach dem Trocknen bemalst du die Pflanze noch.

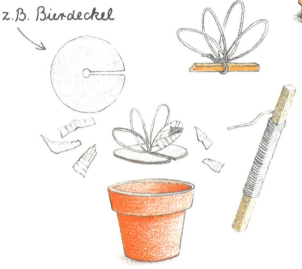

Wenn du einen Luftballon als Grundform nehmen willst, bestreichst du den aufgeblasenen Ballon zunächst bis zur Mitte mit Kleister und beklebst ihn dann mit Papierschnipseln. Je mehr Schichten du aufklebst, desto haltbarer wird deine Schüssel. Dann hängst du den Ballon zum Trocknen auf. Anschließend stichst du ihn auf und ziehst ihn heraus. Den Rand der Schale schneidest du gerade und verstärkst ihn mit einer Schicht Papier und Kleister.

Allerlei Gefäße

MATERIAL
- Flaschen, Gläser, Schachteln, Dosen…
- 1 Luftballon
- Porzellan- oder Kunststoffschüssel
- Papier (Zeitung, Buntpapier, Geschenkpapier, Klopapier…)

Nimmst du eine glatte Schale als Grundform, achte darauf, daß die Schale oben weiter ist als unten, damit du sie nach dem Trocknen wieder entfernen kannst. Streiche Papierschnipsel und

Es gibt verschiedene Möglichkeiten, Gefäße zu basteln. Ausgangsmaterial ist zum Beispiel eine leere Schachtel oder Dose. Wasserdichte Gefäße wie Vasen erhältst du, wenn du Flaschen oder Einmachgläser mit Papiermaché oder Papierschnipseln und Kleister verkleidest.

202

Kleister sorgfältig fest, damit sich keine Luftblasen bilden. Wenn das Papier hart und trocken ist, entfernst du die Schale. Zurück bleibt die gleiche Form aus Papiermaché.

Kleinere Gefäße kannst du auch mit Haushaltskrepp- oder Klopapier verkleiden, das du gut eingekleistert hast. Solche Töpfchen sehen wie antike Tongefäße aus, weil sie so schön unregelmäßig sind.

Die Papiermachégefäße kannst du nach dem Trocknen noch beliebig verzieren und bemalen.

Zierkorken

> **MATERIAL**
> - Korken von Weinflaschen
> - Nägel

Mit diesen Korken kannst du Flaschen nicht nur verschließen, sondern sie auch wunderschön verzieren.

Um die Figur befestigen zu können, bohrst du einen Nagel oben in einen Korken. Um den Nagel herum formst du die gewünschte Figur aus Papiermaché. Wenn sie getrocknet ist, kannst du sie noch mit Taschenmesser und Schmirgelpapier bearbeiten und dann bemalen.

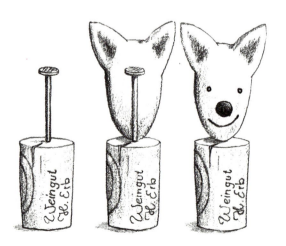

Paßt der Korken nicht auf die Flasche, bitte einen Erwachsenen, ihn mit einem scharfen Messer passend zuzuschneiden.

Bunter Schmuck

> **MATERIAL**
> - Stricknadel oder Holzspieß
> - Draht
> - feines Schmirgelpapier

Aus Papiermaché kannst du dir ganz unterschiedliche Schmuckstücke basteln. Am einfachsten gehen runde **Perlen** für eine Kette: Du formst kleine Kugeln, spießt sie zum Trocknen auf eine Stricknadel und bemalst sie anschließend.

Oder du schneidest von einer Papiermachéwurst verschieden dicke Scheiben ab und

spießt diese ebenfalls zum Trocknen auf. Wenn du Dispersionsfarben mit einem trockenen Pinsel und den Fingern auftupfst, sehen die Perlen aus wie aus Marmor. Probiere es selbst!

Für **Ohrschmuck** eignet sich Papiermaché besonders, weil es so leicht ist. Um ihn tragen zu können, arbeitest du einfach eine Schlaufe aus Draht ein.

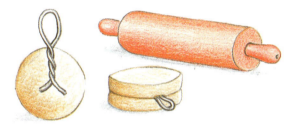

Zwischen deine Schmuckteile kannst du noch Holzperlen und Lochmünzen aufreihen.

Für eine **Buntstift**-Kette formst du zuerst kleine Röllchen, die du zum Trocknen wieder aufspießt. Wenn sie hart sind, schmirgelst du sie so zurecht, daß sie wie Stifte aussehen.

Statt Buntstifte kannst du auch **Holzstückchen** aus Papiermaché basteln.

Mosaikbildchen

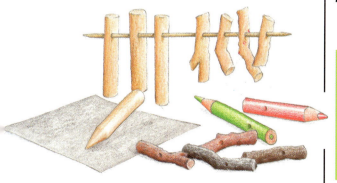

> **MATERIAL**
> - Scherben (ohne scharfe Kanten!)
> - Fundsachen
> - Schachtel aus Kunststoff oder Holz
> - 2 Schrauben
> - 1 Stück Pappe

Für die **Lakritz**-Kette formst du Kugeln, Würfel und Dreiecke aus Papiermaché und läßt sie aufgespießt trocknen. Danach bearbeitest du sie noch mit Schmirgelpapier.

Papiermaché eignet sich sehr gut, um kleine Gegenstände wie Steine, Muscheln, Perlen, Scherben darin einzubetten. Als Form dient ein flaches Tablett, zum Beispiel ein ausgeschnitte-

nes Stück einer Kunststoffverpackung, eine flache Holz- oder Obstkiste. Bohre von hinten zwei Schrauben dort in den Boden, wo später die Aufhängung sein soll.

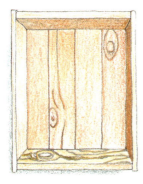 

Bevor du das Papiermaché mit Wasser anrührst, legst du dir am besten das Mosaik aus Scherben und Fundstücken in der Größe deiner Form zurecht. Nimm ein bißchen mehr Wasser als zum Modellieren, damit sich der Papierbrei gut in die Form füllen läßt. Streiche ihn mit einem Stückchen Pappe glatt und

drücke die Sachen hinein. Die Masse mit den eingebetteten Gegenständen bleibt nach dem Trocknen (das kann bis zu einer Woche dauern) im Rahmen. Möchtest du das Papiermaché noch anmalen, oder ist dir das Mosaikbild schon farbig genug? Wenn du jetzt noch die beiden Schrauben hinten herausziehst, kannst du das Bild aufhängen.

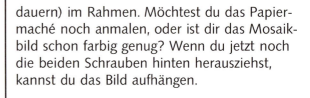

Kaufmannsladen

MATERIAL
- kleine Schachteln
- große Kartons
- 1 Bierdeckel
- Papier

Aus großen Verpackungskartons kannst du dir leicht einen Kaufmannsladen bauen und ihn mit Lebensmitteln aus Papiermaché füllen.

206

Obst, Gemüse und Brot formst du aus kleinen Kugeln und Rollen. Für den runden Käse nimmst du als Grundform einen Bierdeckel.

Damit es richtig echt aussieht, kannst du noch Kerben ins Brot machen und aus dem Käse und der Melone Stücke herausschneiden. Als Obstkisten dienen bemalte Streichholzschachteln, die Tüten faltest du aus Papier.

Hokuspokus – Zauberspaß

Zaubern ist gar nicht schwer! Wie es geht, was du brauchst und sechs tolle Tricks, mit denen du dein Publikum verblüffst, werden dir – simsalabim – hier verraten!

Zauberregeln

Die sieben Regeln der Zauberkunst

1. Übung ist wichtig
Bevor du einen Trick vorführst, übe ihn vor einem Spiegel.
2. Richtige Trickauswahl
Führe nur Zauberkunststücke vor, die du kannst.
3. Keine Wiederholung
Zeige vor den gleichen Zuschauern jeden Trick nur einmal.

4. Geeigneter Zauberplatz
Wenn möglich, 2–3 m Entfernung zu deinen Zuschauern halten. Günstig sind Zimmerecken oder Türrahmen.
5. Ruhe bewahren
Führe alle Tricks mit ruhigen Bewegungen vor. Klappt's mal nicht, mußt du Haltung bewahren. Beginne mit einem neuen Trick.
6. Zaubergeräte verschließen
Halte deine Zaubergeräte unter Verschluß, damit niemand die Geheimnisse erkennen kann.
7. Keinen Trick verraten
Das ist oberstes Gesetz in der Zauberkunst.

Zauberkrone

MATERIAL
- farbiges Tonpapier
- Filz
- Bleistift
- Lineal
- Schere
- Musterklammern

Als Zauberer solltest du lustig verkleidet sein. Für die Krone überträgst du die Maße der Abbildung auf farbiges Tonpapier. Schneide die so aufgezeichnete Kopfbedeckung aus und beklebe die einzelnen Felder mit bunten Zauberzeichen, die du vorher aus Filz ausgeschnitten hast. In die beiden Enden machst du Löcher, damit du mit Hilfe von Musterklammern die fertige Krone zusammenstecken kannst.

setze die Klammer passend ein

klebe bunte Papierstücke an

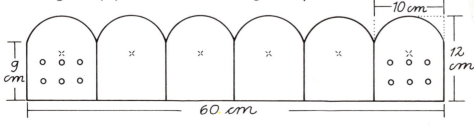

Zauberumhang

Zauberumhang

Den Umhang kannst du aus Tonpapier oder Filz machen. Nimmst du Tonpapier, mußt du eventuell zwei Bögen zusammenkleben, um die Länge von einem Meter zu bekommen. Um mit dem Kopf durchschlüpfen zu können, schneidest du in der Mitte ein kreisrundes Stück heraus.

Wenn du noch eine Tasche aufklebst, so wie es die Abbildung zeigt, kannst du darin einige kleine Zaubergegenstände unterbringen.

Meine Zauberpalme

MATERIAL
- Zeitungs- oder Buntpapier
- Schere
- Klebstoff
- Konfetti
- Klebeband

Schneide aus Zeitungspapier oder buntem Papier einzelne Streifen von 16 cm Breite. Klebe die Streifen aneinander, bis du ein Stück von 1,50 m Länge erhältst. Über die ganze Bahn streust du Konfetti. Aber nicht zuviel! Rolle den Streifen der Länge nach auf. Klebe das Ende mit einem Stück Klebeband ab, damit es nicht aufgeht.

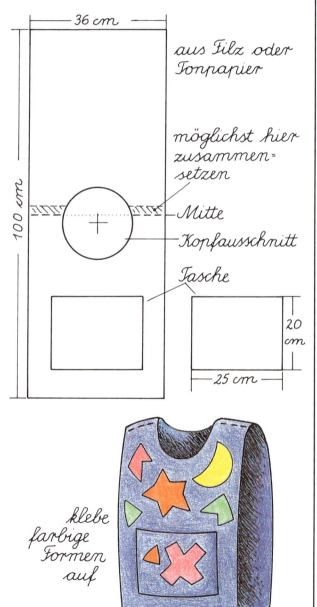

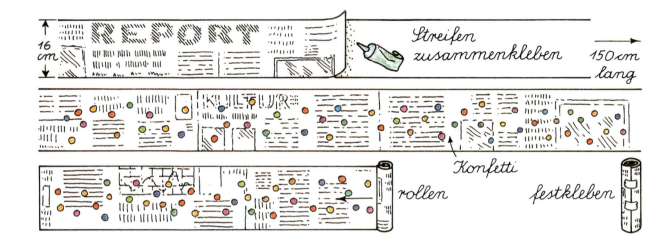

Halte die Rolle waagrecht, damit kein Konfetti herausfällt. Nimm die Schere und schneide die Rolle viermal bis zur Mitte ein.

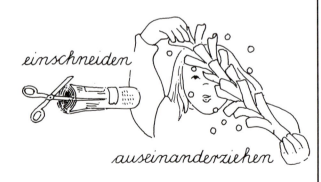

Ziehe von innen die Rolle auseinander. Dabei entsteht ein palmenartiges Gebilde. Sag dazu den Zauberspruch:

*Kraxe-puxe-mixe-quaxe,
wachse, kleine Palme, wachse.
Hexen, kreischt, und Hölle, qualme,
immer höher wird die Palme!*

Schwebender Zauberstab

MATERIAL
- Rundholz (∅ 1 cm, 30 cm lang)
- schwarze Farbe
- weißes Papier
- Schere
- Klebstoff

Als richtiger Zauberer mußt du einen Zauberstab haben. Male ein Rundholz mit schwarzer Farbe an. Die beiden Enden umklebst du jeweils mit einem 3 cm langen weißen Papier.

Du kannst deinen Stab aber auch ganz mit Papier bekleben. Dazu rollst du buntes Papier um das Rundholz und verklebst es.

So zauberst du

Sobald du deine Zuschauer begrüßt und dich vorgestellt hast, beginnst du deine Vorstellung mit dem Zauberstab. Lerne den Vers auswendig. Durch Anklopfen des Stabes beweist du, daß dieser hart ist. Fasse den Stab im ersten Drittel zwischen Daumen und Zeigefinger. Bewege die Hand auf und ab. Dabei wippen gleichzeitig die Enden, und es entsteht der Eindruck, der Stab verbiegt sich wie Gummi. Dann läßt du den Stab noch scheinbar schweben. Wie das gemacht wird, zeigen dir die Abbildungen. Es ist wichtig, daß du den Zuschauern den Handrücken zukehrst. Vergiß nicht, die Finger zu spreizen.

Mein Zauberstab hat große Macht.
Mal ist er weich, mal ist er hart.
Und auf Kommando kann er schweben.
Die Kraft ihm Zaubergeister geben.

Der Flaschenkobold

MATERIAL
- kleine Papprolle (∅ ca. 1,5 cm)
- Karton
- Wollfäden
- Schere
- Buntstifte
- Klebstoff
- Nähfaden
- Flaschenkorken
- durchsichtige Flasche

Aus einer Papprolle, die genau durch die Öffnung einer leeren Flasche paßt, bastelst du einen Flaschenkobold. Wie du die Papprolle bemalen kannst, zeigt dir die Abbildung. Klebe noch aus Wollfäden Haare und einen Bart an. Vom unteren Pappboden führst du den Faden im Rohr durch den Deckel nach oben. Die Papprolle versenkst du in der Flasche und verschließt diese mit einem Korken. Der Korken bekommt eine Kerbe, in der der Faden verläuft.

In einem vorher abgedunkelten Raum steht auf dem Tisch eine Flasche. Du erklärst, daß sich in ihr ein Kobold befindet, der deinem Kommando gehorcht. Weise noch auf den Korkenverschluß hin. Befestige unauffällig das Ende des Fadens an deiner Kleidung. Willst du den Kobold steigen lassen, gehst du mit deinem Oberkörper nach hinten. Der Kobold sinkt wieder, wenn du mit deinem Oberkörper langsam nach vorn gehst. Im abgedunkelten Raum bleibt der Faden unsichtbar. Sieh dir das Foto an. Es zeigt dir, wie du den Trick spannend vorführen kannst. Die genaue Länge des Fadens mußt du natürlich durch vorheriges Ausprobieren bestimmen.

*Ein Kobold in der Flasche steht.
Steigt er empor, weiß niemand, wie es geht.
Auf mein Kommando
bleibt er in der Mitte schweben,
weil meine Geisterkräfte ihn dort heben.
Ihr müßt nun helfend winken,
dann kann er wieder sinken.*

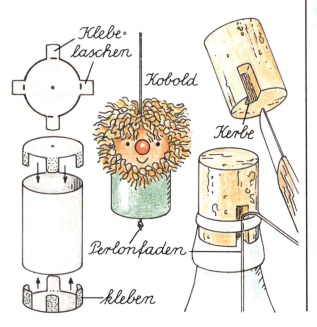

214

Geisterschachteln

MATERIAL
- **4 Zündholzschachteln**
- **Buntpapier (3 Farben)**
- **Schere**
- **Gummi**
- **Klebstoff**

Entferne aus drei Schachteln die Hölzer. Klebe die Laden in den Schachteln fest. Dann beklebst du jede der drei Schachteln in einer anderen Farbe. Pause das abgebildete Geisterbild sechsmal ab und klebe je eines auf die Vorder- und Rückseite der Schachtelhüllen. Zur Vorführung benötigst du eine vierte Schachtel, von der niemand etwas wissen darf. Entferne die Hälfte der Hölzer, damit beim Schütteln die Schachtel laut klappert.

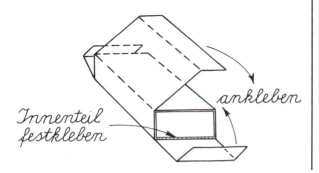

*In diesen Schachteln wohnt ein Geist.
Doch niemand weiß, wie er heißt.
Er klappert hier, er klappert dort,
sag ich nur „Breck le Breck",
dann ist der Geist für immer fort.*

Zauberfisch

MATERIAL
- weißer Karton
- Klebstoff
- roter Filzstift
- Trinkglas
- Wasser

Ein weißes Stück Karton dient als Karte. Darauf zeichnest du den abgebildeten Fisch. Male ihn an, damit er deutlich zu erkennen ist. Auf die Rückseite der Karte klebst du eine Stütze, damit sie aufgestellt werden kann.

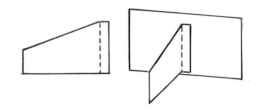

Befestige die Schachtel mit den Hölzern mit einem Gummiring an deinem linken Unterarm und verstecke sie unter einem langen Ärmel, der nicht hochrutschen kann.
Lege die drei bunten Schachteln nebeneinander auf den Tisch.
Nimm zwei Schachteln nacheinander mit der rechten Hand auf. Mit der linken Hand nimmst du die letzte Schachtel auf, und es wird klappern, wenn du sie schüttelst.
Nimm sie abwechselnd mal mit der linken, mal mit der rechten Hand auf. Bewege die Hand hin und her. Es wird rasseln, wenn du es willst.
Laß die Zuschauer raten, wo der Geist steckt.

Mit diesem Trick kannst du die Richtung dieses Fisches ändern, ohne die Karte auch nur ein einziges Mal zu berühren. Ein toller Trick!

Stelle die Karte mit dem Fisch auf. Davor setzt du ein leeres, durchsichtiges Glas. Fülle das Glas mit Wasser, und plötzlich schwimmt der Fisch in die andere Richtung. Damit diese optische Umkehrung funktioniert, mußt du vorher probieren, wie weit entfernt du das gefüllte Glas von der Karte mit dem Zauberfisch aufstellen mußt.

Magisches Fernrohr

MATERIAL
- Papprolle (∅ 3 cm, 20 cm lang)
- farbiges Papier
- Schere
- Klebstoff

Beklebe die Papprolle mit vielen bunten Sternen, die du vorher aus Papier ausgeschnitten hast, oder bemale sie mit rätselhaften Zeichen. Das Rohr muß richtig geheimnisvoll aussehen, damit deine Zuschauer ordentlich beeindruckt sind.

Das Rohr zaubert dir auf unerklärliche Weise und völlig schmerzlos ein Loch in die Hand. Halte das Rohr mit der rechten Hand dicht vor das rechte Auge. Die linke Hand hältst du, mit der Handfläche zu dir zeigend, etwa 8–10 cm vor dein linkes Auge, und zwar so, daß die Handkante das Rohr berührt. Halte beide Augen offen, und du kannst durch ein Loch in deiner Hand hindurchschauen.

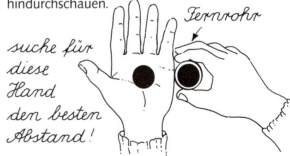

Kastanien, Eicheln, Blätter ...

Allerlei Tiere, ein Schmetterlings-Mobile und viele weitere Herbstbasteleien mit Früchten und Blättern – preiswert, einfach nachzumachen und wunderschön!

Alle meine Tiere

MATERIAL
- Kastanien mit Schalen
- Eicheln
- Hagebutten
- Bucheckern mit Hülsen
- Zapfen
- Stöckchen
- Lärchenzapfenschuppen
- Ahornsamen
- Blätter
- Beeren
- Federn
- Gewürznelken
- Messer
- Schere
- Klebstoff

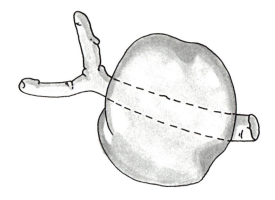

Schaf
Ein Lärchenzapfen und eine Eichel werden vorsichtig angebohrt und mit einem angespitzten Streichholz verbunden. Vier Stöckchen in den Zapfen gesteckt sind die Beine. Zum Schluß klebst du zwei Teile einer Bucheckernhülse als Ohren und zwei Beeren als Augen an.

Mit einem Grasbüschel wird daraus ein Hund

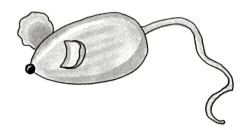

Maus
Eine Eichel, ein dünnes, gebogenes Ästchen, zwei Ohren aus Lärchenzapfenschuppen und eine Beeren-Nase – und schon ist das Mäuslein fertig.

Igel
Nimm eine Kastanienschale, die ist schön stachelig. Schneide ein Stück davon ab und klebe es so auf eine Eichel, daß ihre Spitze hervorschaut.

Eine flache Eßkastanie sieht auch aus wie ein Igel

Schnecke
Für das Schneckenhaus nimmst du eine schöne, runde Kastanie. Der Körper entsteht aus einem dicken, gegabelten Stock.
Du schneidest vorsichtig eine passende Kerbe in die Unterseite der Kastanie und klebst dort den Stock hinein.

Frosch

Eine große Kastanie ist der Körper, eine kleine der Kopf. Aus der kleinen wird vor dem Zusammenkleben das Maul herausgeschnitten. Zwei Gewürznelken einfach darüber eingesteckt sind die Augen. Zum Schluß bekommt dein Frosch noch Füße aus kleinen Ahornsamen angeklebt.

Käfer

Du brauchst drei leicht gebogene Ästchen für die Beine. Wenn du an das flache Ende einer Eichel eine kleine Hagebutte klebst, erhältst du den Kopf. Anschließend klebst du noch die drei Ästchen als Beine unter die Eichel, und schon ist der kleine Käfer fertig.

Hier vorsichtig 2× einschneiden

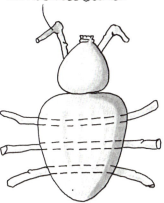

Zwei kleine Ästchen sind die Fühler

Fliege

In den Kastanien-Körper werden an zwei Seiten je drei Löcher gebohrt. Dorthinein klebst du sechs abgewinkelte Stöckchen als Beine.
Mit den großen Ahornsamen-Flügeln sieht die Kastanie doch fast wie eine echte Fliege aus!

Kastanie mit flachen Seiten

Vogel

An einen Kiefernzapfen werden schöne Federn geklebt. Der Kopf entsteht aus einer Eichel mit einem angeklebten Schnabel aus Zapfenschuppen.
Für die Beine brauchst du zwei Stöckchen, die an einem Ende eine Gabelung haben.

Pfau

Mit einem Rad aus Ahornsamen zeigt sich der stolze Pfau.
Eine Kastanie wird dreimal vorsichtig angebohrt und aus drei Stöckchen entstehen Hals und Beine. Eine Eichel ist der Kopf, zwei Bucheckern sind die Füße.

kleines Blättchen

Ahornsamen erst ankleben, wenn der Pfau gut steht

Alles aus Blättern

Wenn du mit Blättern bastelst, möchtest du vielleicht auch ihre Namen kennenlernen. Unten findest du einige…

MATERIAL
- viele verschiedene Blätter
- fester, weißer Karton
- Schachteln
- Dosen
- Briefpapier
- Zahnbürste
- Wasserfarben
- Schere
- Klebstoff

Schöne Blätter suchen macht richtig Spaß! Da bemerkt man erst einmal, wie verschieden sie alle in Form und Farbe sind.

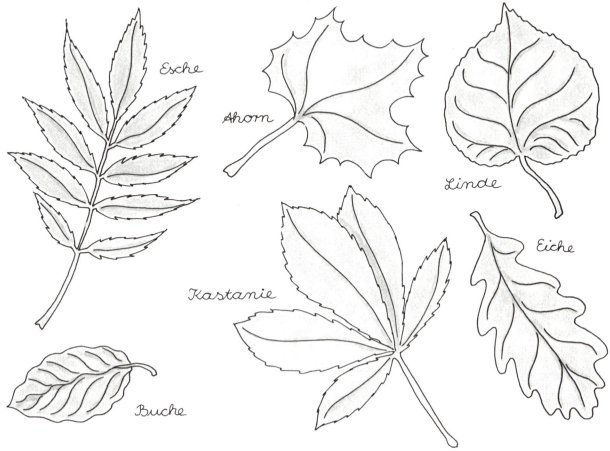

Esche
Ahorn
Linde
Eiche
Kastanie
Buche

Bevor du etwas damit basteln kannst, mußt du die Blätter pressen. Dazu nimmst du ein altes Telefonbuch oder einen alten Katalog, denn die Blätter können abfärben und die Seiten wellig werden. Lege die Blätter zwischen die Seiten und beschwere das Buch. Nach etwa zwei Wochen sind die Blätter ganz flach gepreßt und trocken.

Briefpapier

Mit Blättern kannst du dir dein ganz persönliches Briefpapier bedrucken.
Du brauchst weißes oder farbiges Briefpapier und verschiedene schöne Blätter, die nicht zu groß sein dürfen.
Lege ein Blatt auf einen Briefpapierbogen und tupfe eine alte Zahnbürste in Wasserfarbe.
Mit dem Daumen fährst du nun vorsichtig über die Borsten, dabei spritzt die Farbe in kleinen Tröpfchen auf das Papier. Wenn du das Blatt nach dem Trocknen wegnimmst, hat es sich auf dem Papier abgezeichnet.
Auf dieselbe Art werden auch die Briefumschläge bedruckt.

Blättermemory

Sicherlich kennst du dieses Spiel schon. Aber mit „Blätter-Karten" hast du bestimmt noch nie Memory gespielt.
Zuerst sammelst du dir möglichst viele verschiedene Blätter, und zwar immer zwei von jeder Blattart. (Es wäre gut, wenn du etwa 20 Blattpaare hättest.)
Dann schneidest du aus festem Karton für jedes Blatt eine 12 x 12 cm große Karte zurecht. Auf jede Karte wird ein Blatt geklebt.

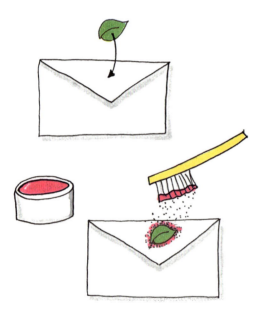

Du kannst die Karten auch beschriften

Auch eine schöne Geschenkidee

Eine schöne Verpackung für dein Spiel findest Du auf Seite 225.

Memory-Spielregel

Alle Karten werden vorsichtig gemischt und mit den Blättern nach unten auf den Tisch gelegt. Derjenige, der an der Reihe ist, darf immer zwei Karten aufdecken. Hat er ein Blattpaar gefunden, darf er es behalten und noch so lange aufdecken, bis er zwei ungleiche Karten erwischt. Diese weden wieder umgedreht und auf den Tisch zurückgelegt, und der nächste ist an der Reihe. Wer die meisten Blattpaare hat, ist Sieger.

Schöne Verpackungen

Aus leeren Käseschachteln und Dosen kannst du wunderschöne Verpackungen zaubern, wenn du viele gepreßte Blätter hast. Klebe sie dicht an dicht auf die Schachtel oder die Dose (Zeichnung 1).

Sehr schön sieht es auch aus, wenn du die Blätter zuerst auf farbiges Papier klebst und damit deine Schachtel oder Dose beziehst (Zeichnung 2 + 3).

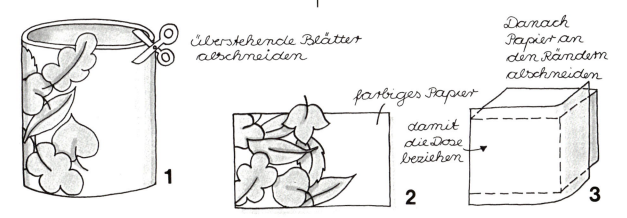

Bunte Blätterbilder

Mit Blättern kann man die schönsten Bilder „malen", zum Beispiel Blätterblumen, Tiere oder Männchen.
Lege dir zuerst die Blätterfiguren auf weißem Karton zurecht. Nun kannst du die Blätter noch hin- und herschieben, bis dir die Figur gefällt. Dann erst klebst du die Blätter fest.

Schmetterlings-Mobile

MATERIAL
- 1 verzweigtes Ästchen
- 4 gepreßte Blätter
- Stöckchen
- Kiefernnadeln
- festes Garn
- Knete
- Schere
- Klebstoff

Befestige ein Stöckchen mit Knete auf dem Tisch. Auf das Stöckchen klebst du schräg nebeneinander Blätter als Flügel und Fühler aus Kiefernnadeln (Zeichnung 1).
Binde an das Ästchen drei etwa 25 cm lange Fäden, die du so zusammenknotest, daß es waagrecht hängt (Zeichnung 2). Knote an jedem Schmetterling einen Faden fest und binde diesen an das Mobile. Wenn du magst, kannst du es noch mit Schleierkraut schmücken, wie du es auf dem Foto nebenan siehst.

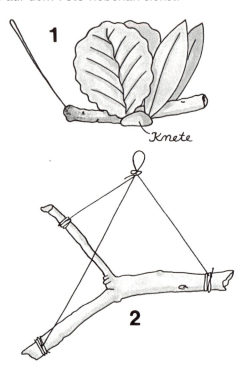

Schokoladenblätter

Nimm Schokoladenkuvertüre und rühre sie in einer Schüssel im Wasserbad so lange, bis sie geschmolzen ist. Dann nimmst du die Schüssel aus dem Wasserbad, tauchst verschiedene, gewaschene Blätter mit der Oberseite flach in die Masse und legst sie zum Trocknen mit der Schokoladenseite nach oben über einen Kochlöffelstiel. Wenn die Schokolade fest geworden ist, kannst du die Blätter vorsichtig abziehen und zurück bleiben Schokoladenblätter…

Laternen

Rechtzeitig zum Laternenfest basteln wir uns einen leuchtenden Lampion. Wie wäre es mit einem fröhlichen Schweinchen oder einem drolligen Kleisterkopf?

Kleine Kerzenkunde

Es gibt verschiedene Möglichkeiten, deine selbstgebastelte Laterne zum Leuchten zu bringen. Bestimmt kennst du die kleinen Metallhalter, in die du eine Christbaumkerze stecken kannst. Diese Metallhalter gibt es im Bastelladen. Du klebst sie einfach am Laternenboden fest. Diese Halterungsart eignet sich besonders gut für mittelgroße Laternen und Böden aus dünnem Karton oder Tonpapier.

Metallhalter für Christbaumkerzen

Eine andere Möglichkeit sind die sogenannten Dauerbrenner, die in einer roten Plastikhülse stecken. Du stellst sie einfach in deinen Lampion. Diese Kerzen passen gut in große Laternen und solche mit einem festen Boden.

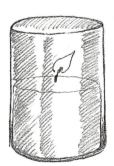

Dauerbrenner

Oder du nimmst Teelichter. Wie die Dauerbrenner müssen sie nicht extra befestigt werden.

Teelichter eignen sich hervorragend für die Beleuchtung von Häuserketten, kleinen Laternen und solchen mit einem dünnen Boden. Übrigens: Finden zwei oder drei Teelichter in deinem Lampion Platz, wird dieser um so heller erstrahlen.

Teelicht

Bunte Schmetterlinge

MATERIAL
- festes Tonpapier in verschiedenen Farben
- Transparentpapier in verschiedenen Farben
- Bleistift
- Lineal
- Schere
- Teller
- Klebstoff
- Blumendraht

1. Zeichne den Umriß eines Schmetterlings zweimal auf Tonpapier. Du kannst dich dabei an die Vorlagen halten oder aber auch selber Schmetterlingsformen erfinden. Dann schneidest du die beiden Teile aus.
2. Die gewünschten Flügelmuster zeichnest du mit Bleistift auf die Innenseiten der beiden Schmetterlingsteile und schneidest sie aus.
3. Lege Transparentpapier in der jeweils gewünschten Farbe auf die Löcher und zeichne mit Bleistift die Schneidelinie ein, wobei du immer 1 cm als Kleberand zugibst. Den Kleberand bestreichst du mit Klebstoff und klebst das

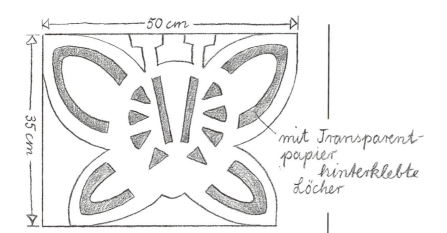
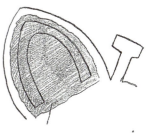

Transparentpapier vorsichtig auf die Innenseite der Löcher. Eventuell austretenden Klebstoff wischst du sofort mit einem weichen Lappen ab.

4. Mit Hilfe eines Tellers zeichnest du einen Kreis so auf die Innenseiten des Schmetterlings, daß dieser in der Mitte sitzt. Dieser Kreis dient als Hilfslinie für das Aufkleben des Bauches.

5. Jetzt schneidest du mit Hilfe eines Lineals den Bauchstreifen aus Tonpapier. Wähle dafür Tonpapier in einer möglichst hellen Farbe, damit das Kerzenlicht später gut hindurchscheinen kann.

6. Auf die zwei Längsseiten des Bauchstreifens zeichnest du eine Hilfslinie im Abstand von 2 cm zu den Rändern ein, bis zu der du anschließend Zacken einschneidest.

7. Knicke die Zacken einmal um, so halten sie besser beim Kleben. Dann bestreichst du sie mit Klebstoff und klebst den Bauchstreifen um die Hilfslinie einer Schmetterlingsinnenseite. Drücke die Zacken dabei gut fest, damit sie sich nicht wieder lösen.

8. Als nächstes streichst du die andere Zackenreihe mit Klebstoff ein und drückst das zweite Schmetterlingsteil fest darauf. Dabei kannst du mit einer Hand in die Laterne fassen, um dem zweiten Teil beim Festkleben einen guten Halt zu geben.

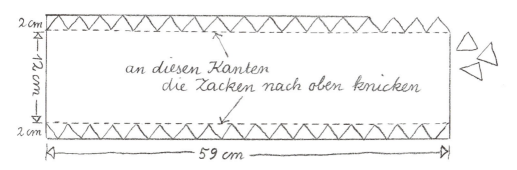

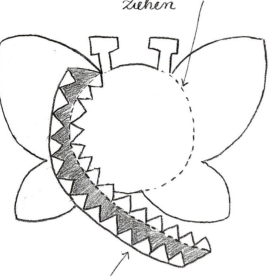

diese Linie kannst du mit Hilfe eines Tellers ziehen

der Bauchstreifen wird mit den Zacken aufgeklebt

Zuerst zeichnest du die beiden Seitenteile des Vogels mit Bleistift auf Tonpapier und schneidest sie aus. Nun zeichnest du die Flügelmuster auf und schneidest diese ebenfalls aus. Anschließend das Transparentpapier rundherum 1 cm größer als die Flügelmuster zuschneiden. Streiche die Kanten sorgfältig mit Klebstoff ein und klebe das Transparentpapier auf die Innenseiten der Flügel.

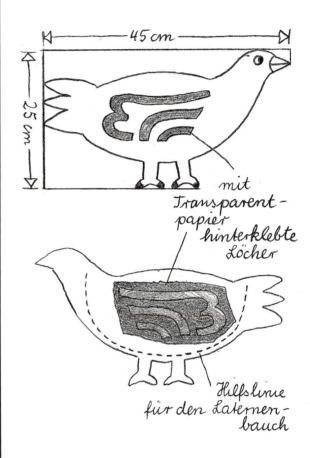

mit Transparentpapier hinterklebte Löcher

Hilfslinie für den Laternenbauch

9. Für die Laternenstock-Aufhängung klebst du zuerst auf jede Seite des oberen Bauchrandes ein Stück Karton. Damit verhinderst du, daß die Löcher ausreißen. Die Löcher stichst du mit einer spitzen Schere in den Karton.
10. Zum Schluß ziehst du ein etwa 30 cm langes Stück Blumendraht durch die zwei Löcher und zwirbelst die Drahtenden umeinander.

Vogel Flieg

MATERIAL
- gelbes Tonpapier
- orangefarbenes Transparentpapier
- schwarzer Filzstift
- Bleistift
- Schere
- Klebstoff

Den Bauchstreifen und die Aufhängung für den Laternenstock machst du so, wie es bei den Schmetterlingen beschrieben ist.
Fertig ist dein Vogel Flieg!

Marienkäfer

MATERIAL
- schwarzes Tonpapier
- rotes, dickes Kreppapier
- ovale Platte oder Topfdeckel
- Eierbecher
- Klebstoff
- Schere
- Bleistift
- Blumendraht

Die Ovale für die zwei Käferteile kannst du mit einer ovalen Platte als Schablone auf schwarzes Tonpapier zeichnen, dann schneidest du sie aus.

Zeichne mit Hilfe eines Eierbechers noch sechs große schwarze Punkte und schneide sie aus. Nun unterklebst du je ein Seitenteil mit einem

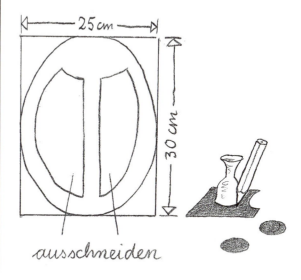

ausschneiden

roten Oval aus Kreppapier und klebst die Punkte auf. Zum Schluß den Bauchstreifen mit Zackenrändern zuschneiden, an die beiden Käferteile kleben und die Stockaufhängung anfertigen.

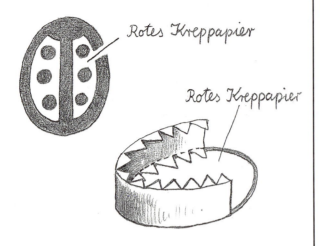

Fröhliches Schweinchen

MATERIAL
- rosafarbenes Tonpapier
- Teller
- Bleistift
- Filzstifte in dunklen Farben
- Klebstoff
- Blumendraht
- Schere

Zuerst zeichnest du den Schweinchenkopf mit Hilfe eines Tellers zweimal auf Tonpapier. Vergiß auch nicht die Ohren und das Ringelschwänzchen. Schneide die Teile aus und male mit Filz-

Laterne, Laterne

volkstümlich

1. La - ter - ne, La - ter - ne, Son - ne, Mond und Ster - ne. Bren - ne auf mein Licht, bren - ne auf mein Licht a - ber du, mei - ne lie - be La - ter - ne, nicht.

2. Laterne, Laterne…
Sperrt ihn ein, den Wind,
sperrt ihn ein, den Wind,
er soll warten, bis wir zu Hause sind.

3. Laterne, Laterne…
Bleibe hell, mein Licht,
bleibe hell, mein Licht,
sonst strahlt meine liebe Laterne nicht.

stiften ein lustiges Schweinegesicht außen auf die beiden Seitenteile. Den Bauchstreifen und die Aufhängung machst du so, wie es bei den Schmetterlingen beschrieben ist.

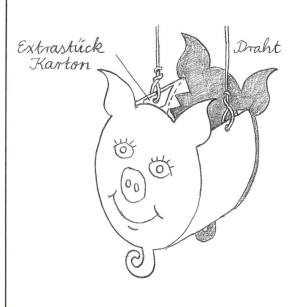

Ich geh mit meiner Laterne

aus Norddeutschland

1. Ich geh mit meiner Laterne und meine Laterne mit mir. Wie schön das klingt, wenn jeder singt. Ra - bim - mel, ra - bam - mel, ra - bumm.
   Da o - ben leuch - ten die Ster - ne, hier un - ten leuch - ten wir.

2. Ich geh mit meiner Laterne…
   I: Ein Kuchenduft liegt in der Luft.
   Rabimmel, rabammel, rabumm. :I

3. Ich geh mit meiner Laterne…
   I: Mein Licht ist aus, ich geh nach Haus.
   Rabimmel, rabammel, rabumm. :I

Partyteller-Lampions

MATERIAL
- weiße Pappteller oder Pappteller mit Motiv
- Plakafarben
- Schere
- grobes Schmirgelpapier
- Tonpapier in verschiedenen Farben
- Transparentpapier in verschiedenen Farben
- Bleistift
- Klebstoff
- Blumendraht

Auf die Pappteller zeichnest du Motive, schneidest sie aus und hinterklebst sie mit Transparentpapier. Anschließend bemalst du die Teller noch in deiner gewünschten Plakafarbe.

Hat dein Pappteller bereits ein Motiv, kannst du dieses teilweise mit der Schere ausschneiden und mit Transparentpapier hinterkleben. Es gibt die Teller nämlich mit vielen lustigen Mustern, die „erleuchtet" sehr hübsch aussehen.

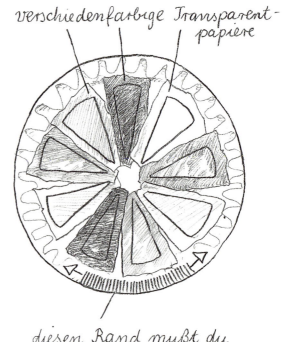

verschiedenfarbige Transparentpapiere

diesen Rand mußt du anschmirgeln

Bevor du weitermachst, lasse erst die Farben und den Klebstoff trocknen. Dann schneidest du den Bauchstreifen für den Lampion zu. Für den Kleberand ziehst du im Abstand von 2 cm zu den Längsseiten jeweils eine Hilfslinie, schneidest Zacken ein und knickst sie einmal vor. Da die Teller sehr glatt sind, mußt du die Innenränder erst mit grobem Schmirgelpapier aufrauhen, bevor du den Bauch mit den Tellern zusammenkleben kannst.

Danach streichst du einen Zackenrand mit Klebstoff ein und drückst einen Teller vorsichtig darauf fest, bis der Klebstoff ganz getrocknet ist. Erst dann verfährst du mit dem zweiten Zackenrand und Teller genauso. Wenn alle Teile gut zusammenhaften, stichst du in die beiden

Ränder des Bauchstreifens jeweils ein kleines Loch und befestigst den Blumendraht für die Stockaufhängung.

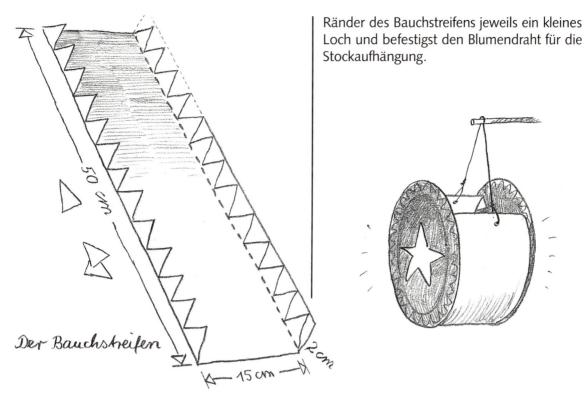

Kleisterköpfe

MATERIAL
- Luftballons in verschiedenen Formen
- Tapetenkleister
- Plastikschale
- Seidenpapier in verschiedenen Farben
- alte Zeitungen
- dicker Pinsel
- Glas
- Kreppapier in verschiedenen Farben
- Tonpapier in verschiedenen Farben
- Transparentpapier in verschiedenen Farben
- Schere
- Klebstoff
- Blumendraht

teilst du mit einem dicken Pinsel wenig Kleister auf dem ganzen Luftballon. Lasse dabei einen Rand von etwa 10 cm rund um den Knoten frei. Nun kannst du die erste Lage Seidenpapierstreifen auf die Kleisterfläche kleben. Sollte das Papier dabei Falten ziehen, streichst du es einfach mit den Händen glatt.

der kaputte Luftballon

4. Nun ist der Ballon bereits so schwer, daß du ihn mit dem Knoten nach unten in ein Glas setzen kannst. Auf diese Weise bekommt er genügend Halt und rutscht dir nicht so schnell aus den Händen. Dann kleisterst du erneut Papier ein und klebst die nächste Schicht Seidenpapier auf, etwa sechs- bis zehnmal, wobei du das Papier immer wieder glattstreichst. Zum Abschluß bestreichst du den Ballon mit einer letzten Schicht Kleister.

1. Rühre in einer Plastikschale den Tapetenkleister an (siehe Gebrauchsanweisung).

2. Wenn du dir einen der Kleisterköpfe ausgesucht hast, reißt du mehrere Bögen dazu passendes Seidenpapier in kurze Streifen. Lege sie auf einer mit Zeitungspapier ausgelegten Arbeitsfläche zurecht.

3. Blase einen Luftballon bis zur gewünschten Größe auf und verknote ihn. Anschließend ver-

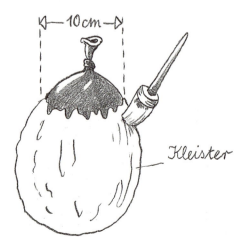

Kleister

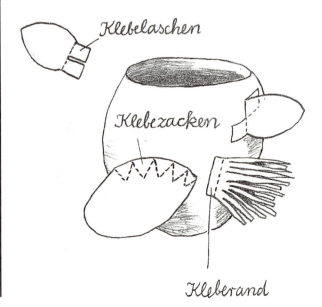

Klebelaschen

Klebezacken

Kleberand

238

5. Wenn die Kleisterschichten ganz trocken sind (in einem beheizten Zimmer dauert das etwa zwei Tage), stichst du den Luftballon an und nimmst ihn aus der erhärteten Form heraus. Dann zeichnest du noch gewünschte Formen wie Augen oder Mund auf und schneidest sie aus. Teile wie z. B. Haare, Schnabel, Flügel aus Krepp- und Tonpapier ausschneiden und ankleben.

6. Zum Schluß bohrst du für die Stockaufhängung vorsichtig an zwei gegenüberliegenden Seiten, etwa 2 cm vom Rand entfernt, je ein Loch in die Laterne und ziehst den Blumendraht durch.

Die Flügel und Ohren des kleinen Drachen sind aus Tonpapier. Die Augen und den Mund schneidest du aus Kreppapier zu und klebst sie auf.

Der Pony des gelben Kopfes ist aus doppelt gelegtem Kreppapier, das du in kurze und lange Fransen schneidest. Augen und Schnauze sind aus Kreppapier. Die Ohren überträgst du auf Tonpapier und klebst sie zwischen die „Haare".

Der Bart des braunen Kopfes besteht aus zwei Lagen Kreppapier, in das Fransen geschnitten werden. Augen und Mund malst du auf und schneidest sie mit einer spitzen Schere aus.

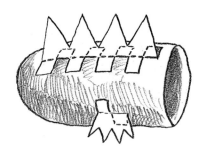

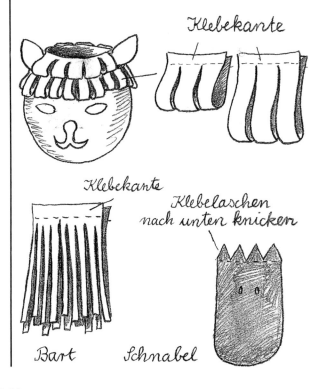

Schnurris Augen und Schnauze sind ausgeschnitten und mit Transparentpapier hinterklebt. Die Schnurrbarthaare und Ohren sind aus Tonpapier.

Den Entenschnabel überträgst du auf Tonpapier und schneidest ihn aus. Die Augen schneidest du aus Kreppapier und klebst sie auf.

Dann schneidest du mit dem Messer lustige oder traurige oder sogar grimmige Gesichter in die Schale. Das Transparentpapier schneidest du etwa 2 cm größer als Augen, Nase und Mund zu und steckst es mit den Zahnstocherstücken innen im Kürbis fest. Zum Schluß stellst du Dauerbrenner oder Teelichter in die Kürbisse.

Kürbisköpfe

MATERIAL
- Kürbisse in verschiedenen Größen
- Messer
- Eßlöffel
- Transparentpapier in verschiedenen Farben
- Zahnstocher, in kurze Stücke gebrochen

Bei der Ernte oder dem Kauf der Kürbisse klopfst du sie am besten ab, um zu prüfen, ob sie wirklich reif sind (dann klingen sie nämlich hohl).

Zuerst schneidest du oben eine große Scheibe ab. Von hier aus höhlst du den Kürbis mit Hilfe von Messer und Eßlöffel möglichst weit aus.

Adventskalender

Mit den hier gezeigten Adventskalendern lässt sich die lange Zeit bis Weihnachten auf leckere Weise verkürzen. Weißt du schon, welchen du basteln willst?

Schneemann-Kalender

> **MATERIAL**
> - weißes und schwarzes Tonpapier
> - 24 bunte Faltblätter (je 10 x 10 cm)
> - 1 Stück Karton
> - Klebstoff

Zeichne die Umrisse des Schneemanns auf weißes Tonpapier und reiße die Form vorsichtig aus. Genauso machst du es mit dem Zylinder auf schwarzem Tonpapier.
Pause die Faltschablone von der rechten Seite ab und schneide sie aus Karton aus. Sie dient dir als Falthilfe für die Tüten. Wie diese gefaltet werden, zeigen dir Schritt 1 bis 4 auf der rechten Seite.
Wenn du 24 Falttüten gemacht hast, nummerierst du sie und klebst sie so auf den Schnee-

mann, wie das Foto oben zeigt. Zum Schluss kommt das Schönste: das Füllen der Tütchen mit kleinen Überraschungen.

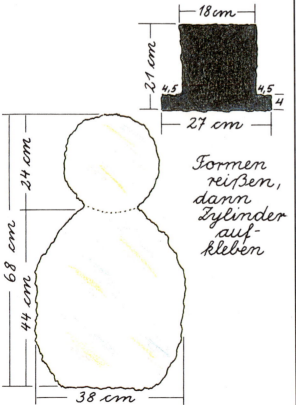

Formen reißen, dann Zylinder aufkleben

Vorschläge fürs Füllen:
geröstete Kerne
Mini-Spielzeug
Puste-Federchen
Anhänger
Gutscheine
Bonbons

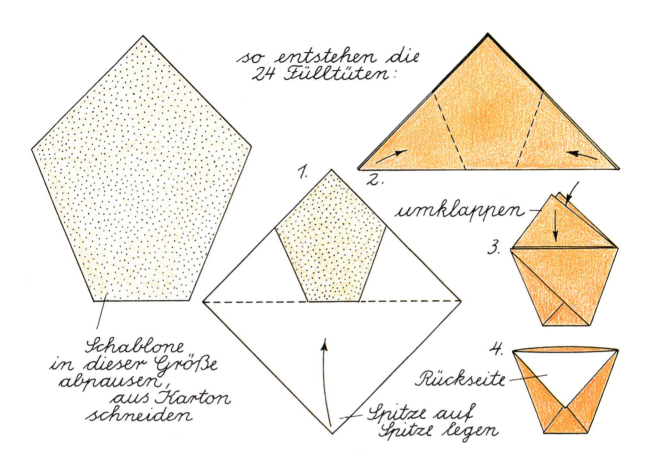

Tannenbaum-Kalender

MATERIAL
- grünes und braunes Faltpapier (je 20 x 20 cm)
- Karton
- Klebstoff
- 2 Klebeösen

Falte die Schachteln nach der Anleitung. Du brauchst 24 Schachtelböden und 24 Schachteldeckel.

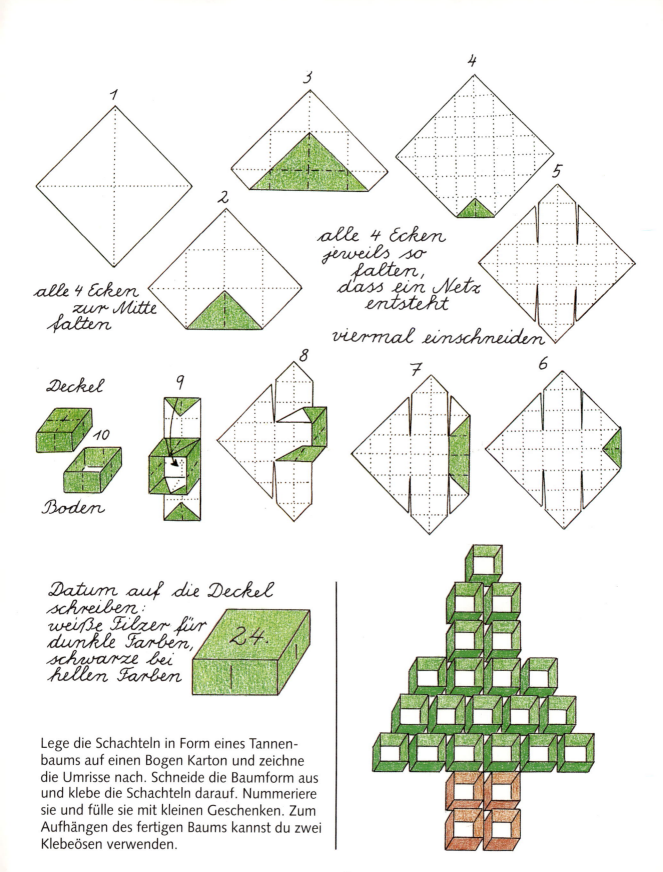

Überraschungswichtel

MATERIAL
- 1 Bogen rotes Tonpapier
- weißes Zeichenpapier
- roter und schwarzer Filzstift
- Tonpapierreste
- Watte
- Klebstoff
- dünner Baumwollstoff
- Baumwollgarn und Stopfnadel
- Schere

Für die Säckchen schneidest du aus Baumwollstoff 24 Kreise mit einem Durchmesser von jeweils 14 cm. Im Abstand von etwa 1,5 cm zum Rand ziehst du jeweils mit der Nadel einen Faden ein. In die Stoffmitte wird je eine kleine Überraschung gelegt und die beiden Fadenenden zusammengezogen, so schließen sich die Säckchen. Zum Schluss noch die Datumsschildchen anbringen und die Säckchen auf die einzelnen Wichtel verteilen.

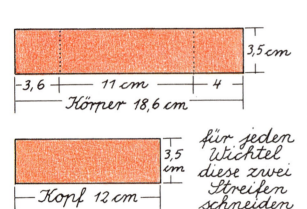

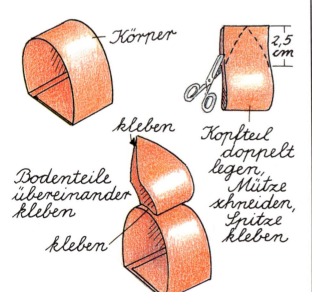

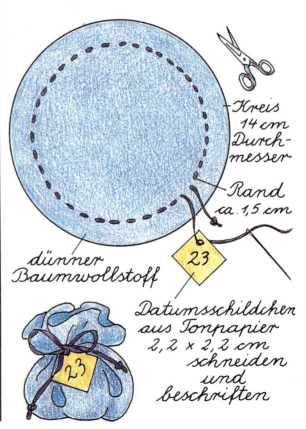

Wenn du die zwölf Papprollen in der Mitte mit einem Messer durchschneidest, bekommst du 24 kleine Rollen.

Das Krepppapier wird in 25 x 25 cm große Quadrate geschnitten.

Stelle jeweils eine kleine Rolle in die Mitte des Papiers, stecke ein kleines Geschenk hinein und ziehe alle vier Ecken hoch.

Adventspäckchen

MATERIAL
- je 1 Rolle Krepppapier in Rot, Grün und Weiß
- 12 Klopapierrollen
- bunte Bändchen oder Pfeifenputzer
- bunte Papierreste
- Schere
- Messer

Das Papier kannst du ein wenig zusammendrehen und mit einem kleinen Bändchen oder Pfeifenputzer zubinden.

Zum Schluss paust du die Einstecker für das Datum ab, beschriftest sie und steckst sie oben in die einzelnen Päckchen.

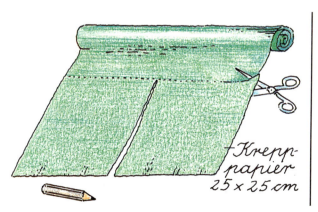

Einstecker abpausen

24 kleine Knusperzwerge

ZUTATEN
- 300 g abgezogene, gestiftelte Mandeln
- 200 g Schokolade
- 50 g Palmin
- bunte Zuckerperlen
- 200 g Puderzucker
- 1 Eiweiß
- Backpapier
- Zellophan
- gelbes Papier

1. Gib die Schokolade und das Palmin in einen Topf. Diesen setzt du in einen größeren Topf mit fast kochendem Wasser. Vorsicht, heiß! Rühre die Zutaten im Wasserbad so lange, bis eine flüssige Masse entsteht.

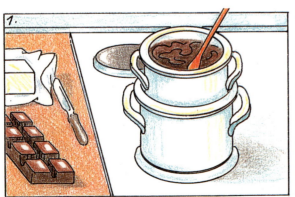

2. Dann gibst du die Mandeln dazu und lässt die Masse etwas erkalten.

3. Mit zwei Kaffeelöffeln setzt du nun 24 Häufchen auf ein mit Backpapier ausgelegtes Blech. Im kalten Raum vollends fest werden lassen.

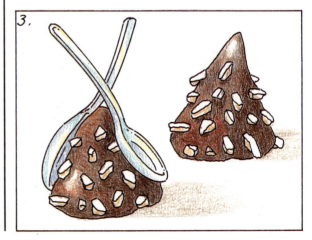

4. Verrühre den Puderzucker mit dem Eiweiß zu einer Zuckerglasur, mit der du die Zuckerperlen als Augen „ankleben" kannst.

5. Die einzelnen Knusperzwerge in Zellophan verpacken. Die Sterne fürs Datum aus gelbem Papier ausschneiden (eine Pausvorlage findest du auf Seite 254), nummerieren und an die Zellophanhülle kleben.

Vielleicht setzt du die Knusperzwerge auf die Fensterbank – inmitten grüner Zweige sehen sie besonders hübsch aus.

Schneide die Vogelschablone aus, mit der du 14 bunte Vögel auf Tonpapier aufmalst und ausschneidest.

Braun die Schale, hell der Kern – Knusperzwerge ess ich gern!

Als Flügel klebst du die mit Datumszahlen versehenen Walnusshälften auf, in die du vorher eine klitzekleine Süßigkeit, z. B. Schokolinsen oder Gummibärchen, gegeben hast.

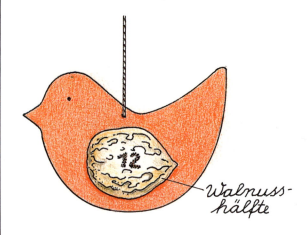

Vogelhaus-Kalender

Vier Vögel klebst du ans Vogelhaus, sie bekommen nur einen Flügel.
Zehn Vögel hängst du frei auf, sie bekommen zwei Flügel und einen bunten Faden zur Aufhängung.

MATERIAL
- Walnussschalen
- bunte Tonpapierreste
- buntes Baumwollgarn
- 2 Tortenböden aus Karton
- 1 größeres Stück braunes und weißes Tonpapier
- einige Sonnenblumenkerne
- Schere und Klebstoff

Klebe die Tortenböden zusammen, hänge in die Mitte das ausgeschnittene Vogelhaus und drum herum die Vögel.

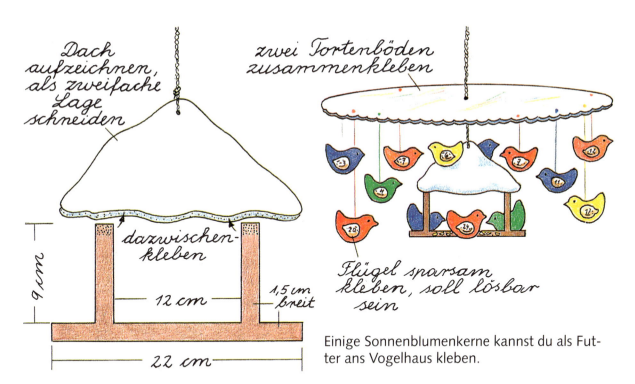

Einige Sonnenblumenkerne kannst du als Futter ans Vogelhaus kleben.

Advent, Advent

*Advent, Advent,
ein Lichtlein brennt.
Erst eins, dann zwei,
dann drei, dann vier,
dann steht das Christkind vor der Tür.*

*Advent, Advent,
ein Lämmlein rennt.
Erst eins, dann zwei,
dann drei, dann vier,
dann läuft die ganze Herde,
dann wackelt diese Erde.*

*Der Schäfer und sein Schäferhund,
die stehen da mit off'nem Mund.
Der Schäfer staunt,
der Hund, der bellt,
zur Weihnacht
unterm Sternenzelt.*

Fredrik Vahle

Gefüllte Sterne und Äpfel

MATERIAL
- je 1 großes Stück Filz in Gelb und Rot
- kleine Filzreste in Grün
- braune Pfeifenputzer
- gelbes und braunes Baumwollgarn
- Stopfnadel
- Schere
- Klebstoff
- schwarzer Filzstift

Mit Hilfe eines Kopierers vergrößerst du die Pausvorlagen für die Sterne und Äpfel auf ihre doppelte Größe.

Du kannst die Sterne und Äpfel an einen schönen Zweig hängen und füllen. Sind sie am 24. Dezember alle leer gegessen, kannst du sie auch gut als Schmuck an euren Weihnachtsbaum hängen.

Blatt ankleben

Pfeifenputzer als Aufhänger annähen — Filz

darüber kleben

Achtung: oben zum Füllen offen lassen

auf 200% kopieren

Honigkuchen sind eine feine Füllung

Bald ist Weihnachten

Wir schmücken die Wohnung feierlich, verschicken Weihnachtsgrüße, basteln Geschenke, backen Schneebälle und – schon steht das Christkind vor der Tür!

Überraschungsnikolaus

MATERIAL
- Klopapierrolle
- Kreppapier
- schwarzes Tonpapier
- weißes Papier
- Klebstoff
- Farbstifte
- Watte
- Geschenkband

Umklebe die Klopapierrolle mit einem etwa 18 x 23 cm großen Stück Kreppapier, laß dabei oben 10 cm für die Zipfelmütze überstehen.

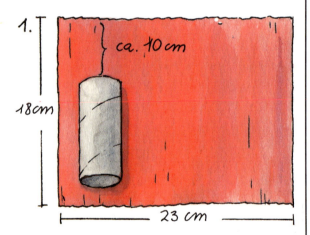

Falte das Kreppapier unten nach innen und verschließe die Öffnung mit den „Füßen", die du aus schwarzem Tonpapier ausschneidest und anklebst.

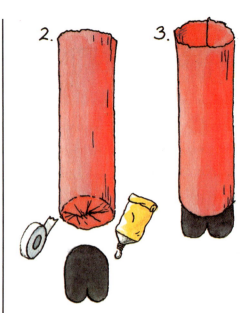

Aus weißem Papier ein rundes Gesicht ausschneiden und Augen, Mund und Nase auf malen. Das Gesicht auf die Rolle kleben. Rund um das Gesicht bekommt der Nikolaus Haare und Bart aus Watte. Zum Schluß den Nikolaus mit einer kleinen Überraschung füllen und das Kreppapier mit Geschenkband zu einer Zipfelmütze zusammenbinden.

Glaslaterne

MATERIAL
- leeres Glas
- farbiges Transparentpapier
- Klebstoff
- Teelicht

Reiße buntes Transparentpapier in kleine Schnipsel und klebe diese mit Klebstoff auf das Glas. Dabei dürfen sich die Schnipsel auch überlappen. Zum Schluß stellst du das Teelicht in das Glas.

Abends wenn es dunkel wird, kannst du die Kerze anzünden und die Glaslaterne auf die Fensterbank stellen. Das bunte Licht flackert munter durch das Fenster.

Vielleicht möchtest du ja mehrere solcher Laternen herstellen, sie sind nämlich auch ein wunderschönes Geschenk.

Tannenbaumkarte

> **MATERIAL**
> - grünes Tonpapier
> - Glimmersternchen oder Deckweiß
> - Bleistift
> - Schere
> - Bastelmesser
> - Farbstift
> - Klebstoff
> - Pinsel

Schneide das Tonpapier so zu, daß es gefaltet die gewünschte Kartengröße hat. Genau auf die Faltkante die Tannenbäume, oder welches Motiv dir sonst gefällt, aufzeichnen. Mit einer Schere oder besser noch mit einem Bastelmesser schneidest du die Umrisse aus. Laß dir dabei am besten von einem Erwachsenen helfen! Zum Schluß kannst du die Karte mit Glimmersternchen oder Deckweiß verzieren. Dabei daran denken, daß noch genug Platz für deine Weihnachtsgrüße bleibt.

noch genügend Platz für die Weihnachtsgrüße bleibt. Das Fenster wird von hinten mit durchsichtiger Geschenkfolie und Klebefilm wieder verschlossen.

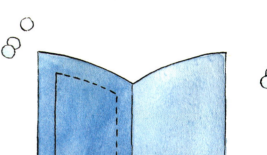

Schneemann- und Engelsgrüße

MATERIAL
- farbiges Tonpapier
- weißes Papier
- durchsichtige Geschenkfolie
- weißes Konfetti oder Glimmersternchen
- Schere
- Bastelmesser
- Bleistift
- Farbstifte
- Klebstoff
- Klebefilm

Schneide das Tonpapier so zu, daß es gefaltet die gewünschte Kartengröße hat.
Aus der Vorderseite der Karte schneidest du mit der Schere oder mit dem Bastelmesser ein Fenster aus. Es sollte nur so groß sein, daß

Dann zeichnest du den Schneemann oder den Engel (wenn du möchtest, kannst du dazu die Figuren abpausen) oder sonst ein Motiv, das dir gefällt, auf weißes Papier, malst diese an und schneidest sie aus. Mit wenig Klebstoff wird die Figur dann auf die Innenseite der Karte aufgeklebt, und zwar so, daß sie durch das Fenster zu sehen ist.

Jetzt kannst du vorsichtig das weiße Konfetti oder die Sternchen verteilen und danach die Ränder der Karte sorgfältig mit Klebstoff zukleben. Damit die Karte sich nicht wellt, presse sie eine Zeitlang zwischen Büchern.

Nun noch die Grüße schreiben, und ab geht die Weihnachtspost!

Zum Abpausen:

Sternenlichter

MATERIAL
- Tonkarton
- Metallfolie
- Kreppapier, Stanniolpapier oder Walnußhälften
- Goldfarbe
- Kerzen und Teelichter
- Bleistift
- Schere
- Klebstoff
- Pinsel

Den Stern von Seite 265 vergrößert auf Karton und Metallfolie übertragen. Beide Sterne ausschneiden und zusammenkleben.

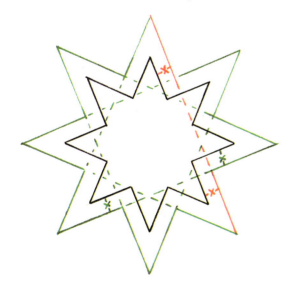

So kannst du den Stern mit Hilfe eines Lineals vergrößern:

Befestige mit ein paar Tropfen Wachs in der Mitte ein Teelicht. Aus Krepp- oder Stanniolpapier rollst du kleine Kugeln und klebst sie auf. Oder du bemalst vier Walnußhälften mit Goldfarbe und klebst sie um eine kleine Kerze.

263

Sterne, Sterne, Sterne

MATERIAL
- silberne Metallfolie
- zweifarbiges Metallpapier
- Wellpappe
- Glimmer, Glimmersternchen
- Karton
- Bastelfarben
- Bleistift
- Pinsel
- Schere
- Klebstoff
- Faden

Für die **Silbersterne** paust du die Vorlage von Seite 265 ab und fertigst eine Schablone aus Karton an. Mit Hilfe der Schablone schneidest du die Sterne aus Metallfolie aus. Willst du sie aufhängen, werden einfach zwei Sterne gegeneinander geklebt, zwischen die du zuvor einen Faden legst. Die Sterne eignen sich aber auch als Geschenkanhänger oder als Kerzenhalter, wie auf Seite 263 beschrieben.

Stern auf Transparentpapier...

und auf Pappe übertragen.

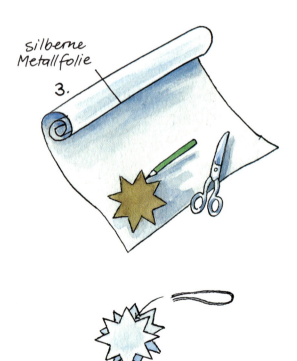

silberne Metallfolie

Zum Abpausen:

Für diese **Glanzsterne** brauchst du zweifarbiges Metallpapier.

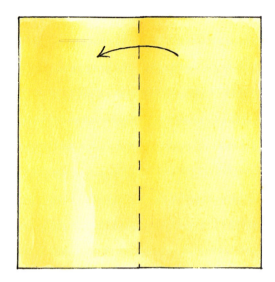

① Schneide aus Metallpapier ein Quadrat aus. Falte es einmal in der Mitte.

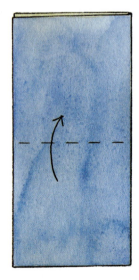

② Falte das Papier ein zweites Mal,

③ und ein drittes Mal.

④ In das entstandene Dreieck schneidest du 5x ein.

⑤ Schneide die offene Kante des Dreiecks ein wenig schräg ab – das verändert die Umrißform.

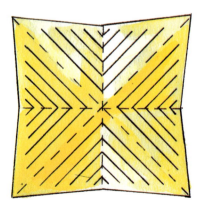

⑥ Nun falte das Papier vorsichtig auseinander.

⑦ Knicke die Spitzen nach außen – fertig!

Ziehe zum Aufhängen einen Faden durch eine Zacke des Sterns.

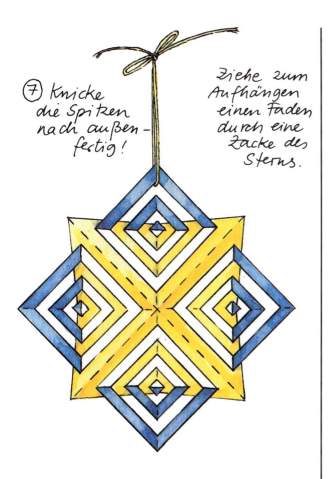

Möchtest du die Sterne glitzern lassen, streue auf die noch feuchte Farbe Glimmer und Glimmersternchen. Soll der Glimmer auf unbemalte Flächen kommen, vorher etwas Klebstoff aufstreichen. Klebe immer zwei Sterne versetzt gegeneinander, wobei du einen Faden zum Aufhängen dazwischen legst. Vor dem Bemalen abstimmen, welche Hälften zusammenkommen sollen. So entstehen die schönsten Patchworksterne.

Für **Patchworksterne** schneidest du aus Wellpappe vierzackige Sterne aus. Du kannst sie nach Belieben mit Bastelfarbe anmalen, sie sehen aber auch unbemalt sehr schön aus.

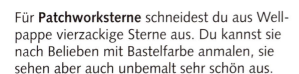

Muster zum Abpausen

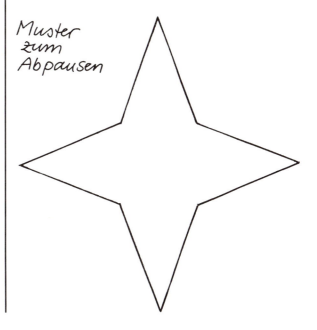

Tanzende Engel

MATERIAL
- weiße Pfeifenputzer
- Wattekugeln
- Kreppapier
- silberne Geschenkkordel
- Silbersternchen
- Strohkranz
- roter und schwarzer Filzstift
- Klebstoff
- Schere

Zuerst schneidest du die Pfeifenputzer zu: für den Körper ein 12 cm langes Stück und für die Arme ein 7 cm langes Stück. Dann verdrehst du die Stücke miteinander (Zeichnung 1). Auf die Wattekugel malst du das Gesicht und klebst Silberkordelstücke oder Watte als Haare auf. Gut trocknen lassen.

Für das Kleid schneidest du ein 12 x 4 cm großes Rechteck aus Kreppapier. Damit sich das Kleid schön bauscht, beachte die Laufrichtung des Kreppapiers (Zeichnung 2). Durch zwei kleine Löcher die Arme stecken und das Kleid am Hals mit der Silberkordel zusammenbinden und mit Silbersternchen verzieren. Jetzt noch den Kopf aufstecken und eventuell mit einem Tropfen Klebstoff befestigen – fertig!

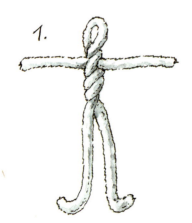

5.

Willst du die Engel auf einem Strohkranz tanzen lassen, stecke einfach ein Bein in den Kranz und biege den Körper in die gewünschte Tanzhaltung. Steckst du noch vier Kerzen im Halter dazu, entsteht ein wunderhübscher Adventskranz.
Willst du den Kranz aufhängen, kannst du die Silbersterne von Seite 264 dazu basteln und an einer Kordel unten am Kranz befestigen (siehe Foto oben). Das Ganze dann mit einem Band oder einer Kordel an der Decke aufhängen.

Lichterspiel

MATERIAL
- Teelichter
- Würfel
- Streichhölzer

Bei diesem Spiel sollte ein Erwachsener dabei sein, der das Anzünden der Lichter übernimmt.

Alle Spieler sitzen am Tisch und jeder bekommt drei Teelichter. Die Kerzen werden angezündet. Danach wird reihum gewürfelt. Wer eine Eins würfelt, muß sich ein Licht ausblasen. Wer eine Sechs würfelt, bekommt wieder ein Licht angezündet. Bei einer Drei darf der Würfler allen Mitspielern ein Licht ausblasen.

Du kannst die Engel auch auf Geschenkpäckchen tanzen lassen. Dazu wird ein Bein mit einem Klebestreifen auf dem Päckchen befestigt.
Oder du nimmst die Engel als Christbaumanhänger, indem du die Silberkordel am Hals zur Schlaufe bindest.

Wer kein brennendes Licht mehr hat, scheidet aus. Derjenige, der bis zum Schluß eine brennende Kerze hat, ist Lichterkönig.

Bastelbärs Glühpunsch

ZUTATEN
- 1 Liter Kirschsaft
- Zimtstange
- 1 Nelke
- 1 Zitrone (unbehandelt)
- Honig

Bastelbärs Lieblingsgetränk an kühlen Wintertagen ist dieser Glühpunsch:

Den Saft mit der Zimtstange, der Nelke und einigen Zitronenscheiben in einen Topf geben. Mit Honig abschmecken. Das Ganze erhitzen und gut durchziehen lassen. Den Punsch durchsieben und in feuerfeste Gläser gießen, die du vorher mit einem Schneerand verziert hast. Dazu die Glasränder mit Zitronensaft bestreichen und in Zucker tauchen. Besonders hübsch sieht es aus, wenn die Gläser noch mit eingeschnittenen Zitronenscheiben geschmückt werden.

Süße Schneebälle

ZUTATEN (für ca. 30 Stück)
- 2 Eiweiß
- 100 g Zucker
- 100 g Kokosraspeln

Das Eiweiß zu steifem Schnee schlagen und nach und nach den Zucker zugeben. Die Kokosraspeln vorsichtig unterrühren. Aus dem Teig mit zwei Teelöffeln Häufchen formen und diese auf ein mit Backpapier belegtes Backblech setzen.
Im Backofen bei 125–150 °C etwa 20 Minuten backen.

Weihnachtskrippen

Ein ganz besonderer Schmuck ist deine selbst gebastelte Krippe unter dem Weihnachtsbaum. Vor allem, wenn am Heiligen Abend die Lichter leuchten!

Naturkripppe mit Astfiguren

MATERIAL
- 1 Schuhkarton
- feste Pappe
- 2 Beutel Naturstrohhalme
- 1 Papierkugel (2,5 cm ⌀)
- Filzreste
- Schafwolle
- Zahnstocher
- Knete
- Filzstifte
- Deckfarben
- Schere
- Klebstoff

Außerdem brauchst du für den Stall Moosplatten, Rindenstücke und Kiefernzweige. Sammle für die Figuren Aststücke mit „Seitenärmchen", Bucheckernhülsen, Birkenrinde, kleine Eicheln mit Stiel, Haselnußhüllen, kleine Tannen- und Lärchenzapfen, kleine Ahornflügel und ein Eichenblatt.

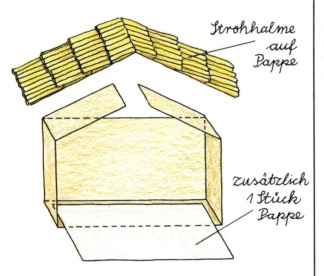

Der Stall: Schneide eine Längsseite vom Schuhkarton auf. Ein Stück Pappe wird in der Mitte geknickt und als Dach aufgeklebt. Male alles mit Deckfarben an. Dann klebe viele, etwa 5 cm lange Strohhalmstücke schuppenartig auf das Dach.

Maria: Das Aststück für den Körper sollte etwa 10 cm lang sein. Bis auf zwei „Arme" werden alle Seitenästchen abgesägt.
Mit einem scharfen Messer wird das Gesicht herausgeschält.

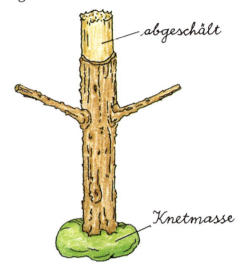

Damit die Figur gut stehen kann, drücke sie in einen Kneteklumpen.
Maria bekommt ein Gewand aus einem Stück Filz (10 x 14 cm). Klebe es quer, am Rücken in Falten gelegt, um den Körper. Ein zweites Filzstück (14 x 4 cm) wird als Umhang um Kopf, Oberkörper und Arme geklebt.
Zum Schluß male mit Filzstiften das Gesicht auf.

274

Josef: Klebe ihm einen Filzumhang (8 x 12 cm) um den Körper. Für den Hut halbierst du die Papierkugel mit einem scharfen Messer. Male eine Hälfte an, klebe sie auf ein Filzstück und schneide ringsherum eine Krempe zurecht. Dann wird der Hut aufgeklebt und das Gesicht aufgemalt. Wenn du möchtest, kannst du Josef noch einen Wanderstock an die Hand kleben.

Die Hirten: Der erste Hirte trägt ein Fell aus Schafwolle und einen Hut aus einer Bucheckernhülse. Als Pfeife klebst du ihm eine kleine Eichel mit Stiel in den Mund.

Der zweite Hirte trägt ein Birkenrindengewand und einen Bart aus einem Stück Haselnußhülle. Der dritte trägt ein Lämmchen auf seinen Armen (Foto auf Seite 277).

Das Kind in der Krippe: Das Körperstück sollte etwa 6 cm lang sein und je zwei Seitenästchen für Arme und Beine haben. Das Kind bekommt eine Windel aus einem schmalen, etwa 15 cm langen Filzstreifen. Wickle ihn um Leib und Beine und klebe das Ende fest.

Als Krippe brauchst du ein passendes Stück Rinde, das du mit Moos auslegst.

Ein Schaf: An den Körper aus Tannenzapfen klebst du als Kopf einen kleinen Lärchenzapfen.

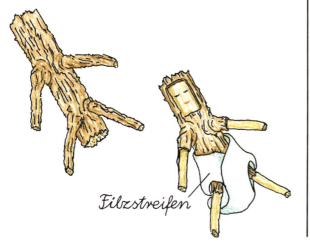

Den Körper umwickelst du mit Schafwolle. Stecke vier Zahnstocher als Beine in den Zapfen. Zuletzt klebst du zwei kleine Ahornflügel als Ohren an den Kopf.

Das Lämmchen: Umwickle einen größeren Lärchenzapfen mit Schafwolle.

Der Engel: Schäle die Rinde von dem Aststück für den Körper ganz ab. Falte den Filz in der Mitte und schneide die Form des Umhangs aus. Den Umhang klebst du um die Arme.

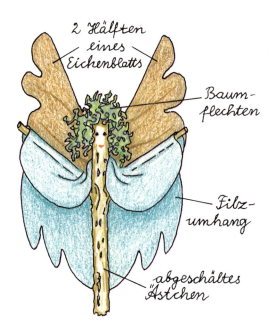

Zwei Hälften eines Eichenblattes klebst du als Flügel an den Rücken.
Die „silbernen Locken" des Engels sind graue Flechten, die an Bäumen wachsen.

Bäume: Stecke kleine Kiefernzweige in etwas Knete.

Stern: Die Beschreibung findest du nebenan.

Bevor du die Figuren aufstellst, legst du den Stall mit Moosplatten aus. Engel und Stern werden mit Stecknadeln am Dach befestigt.

Krippenfiguren aus Zapfen

MATERIAL
- feste Pappe (30 x 20 cm)
- Naturstrohhalme
- 2 unlackierte Holzperlen (2,5 cm ⌀)
- Holzperlen (1,5 cm ⌀)
- schwarzer Faden
- Knete
- Filzstifte
- Schere
- Klebstoff

Auch für diese Krippe brauchst du Bastelmaterial aus dem Wald: verschieden große Kiefern- und Lärchenzapfen, Haselnußhüllen, einen Eichelbecher, eine kleine Eichel mit Becher und Stiel, silbergraue Baumflechte, Ahornflügel, größere Rindenstücke, Moosplatten, verschiedene Zweige und etwas Stroh.

Der Stall: Stelle die Rindenstücke als Hintergrund auf die Pappe. Den Boden bedeckst du mit Moosplatten.

Stern: Mehrere halbierte Strohhalme spaltest du und drückst sie flach. Klebe sie sternförmig aufeinander und schneide sie zurecht. Der Schweif ist aus einem ganzen Strohhalm.

Stecke kleine Zweige in Knete und stelle sie als **Bäumchen** auf.

Das Kind in der Krippe: Auf einen kleinen, geschlossenen Kiefernzapfen klebst du eine Holzperle (1,5 cm ∅). Hat der Zapfen einen Stiel, klebe diesen in das Perlenloch.
Male das Gesicht auf. Auf den Kopf klebst du einen Eichelbecher als Mützchen. Das Kind liegt in einer Krippe aus einem Rindenstück, das du mit Strohhalmen ausgelegt hast.

Josef: Den Körper machst du genauso wie bei Maria. Wenn die Haare aus Haselnußhüllen fest am Kopf kleben, schneide sie kurz ab. Male dann das Gesicht auf.
Die Pfeife aus einer kleinen Eichel mit Becher und Stiel klebst du am Zapfen fest.
Auch Josef steht auf „Knetefüßen".

Maria: Nimm einen größeren, offenen Kiefernzapfen und klebe eine Holzperle (2,5 cm ∅) so auf, daß der Zapfenstiel im Loch der Perle steckt. Maria bekommt lange Haare aus getrockneten Haselnußhüllen. Klebe sie fest und male dann das Gesicht auf.
Damit die Figur stehen kann, drücke sie in etwas Knete.

Die Engel: Als Körper eignen sich kleine, offene Kiefernzapfen oder größere Lärchenzapfen. Holzperlen (1,5 cm ∅) klebst du als Köpfe auf, und dann malst du die Gesichter auf. Für die Haare kannst du silbergraue Baumflechten und Haselnußhüllen nehmen.
Klebe die Ahornflügel am Rücken fest. Unter jedem Flügelpaar bindest du einen 20–30 cm langen Faden fest um den Zapfen. Nun kannst du die Engelschar aufhängen.

Eine große bunte Krippe

MATERIAL
- viele verschiedene Papprollen
- Wellpappe
- feste Pappe
- Tonpapier
- Gold- oder Silberpapier
- Butterbrotpapier zum Abpausen
- grünes Kreppapier
- 8 Papierkugeln (3 cm ⌀)
- 3 Papierkugeln (5 cm ⌀)
- 1 Rundholzstab (1 cm ⌀)
- 1 Rundholzstab (0,5 cm ⌀)
- 6 Holzschaschlikspieße
- Deckfarben
- Goldbronze
- Paketschnur
- Schere
- Klebstoff

Bei dieser Krippe bastelt am besten die ganze Familie mit!

Der Stall: Für die tragenden Säulen brauchst du vier Papprollen (5 cm ⌀). Drücke bei zwei Rollen je ein Ende flach zusammen und markiere an einer Seite 15 cm und an der gegenüberliegenden 16 cm. Verbinde die Punkte mit einer Linie und schneide die Rollen dort ab. Die beiden anderen Rollen markierst du bei 13 cm und 14 cm und schneidest sie ab. Es entstehen also zwei längere und zwei kürzere Rollenstücke, die an je einem Ende einen schrägen Anschnitt haben.
Male alle vier Rollen an.

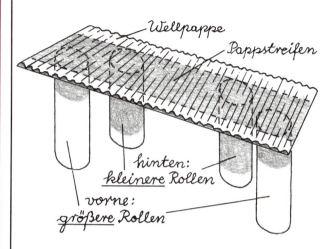

Unter ein 40 x 25 cm großes Stück Wellpappe klebst du in die Mitte einen Pappstreifen zur Verstärkung.

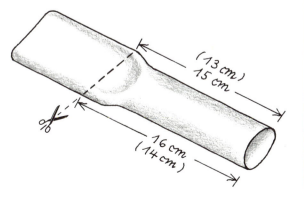

Ihr Kinderlein kommet, o kommet doch all! Zur Krippe her kommet in Bethlehems Stall, und seht, was in dieser hochheiligen Nacht der Vater im Himmel für Freude uns macht.

279

Stelle die zugeschnittenen Rollen in gleichmäßigem Abstand so hin, daß das Wellpappedach überall aufliegt. Dann nimm das Dach wieder ab. Bestreiche die Rollenränder dick mit Klebstoff. Achte darauf, daß die Rollen dabei nicht mehr verrutschen! Laß den Klebstoff ein wenig antrocknen und setze das Dach darauf.

Palme: Für die *Blätter* schneide dir ein 40 cm langes und 30 cm breites Stück Kreppapier. Achte dabei auf die „Maserung" (siehe Zeichnung 1)!

Falte das Papier dreimal längs, dann einmal quer übereinander und schneide die Blattform aus. Drücke die Blattenden zu einem Stiel zusammen.

Für den *Stamm* bestreiche ein 15 x 10 cm großes Stück Wellpappe mit Klebstoff. Lege den Blätterstiel darauf und rolle alles fest zusammen. Damit die Palme gut stehen kann, klebe um das Stammende einen Sockel aus einem 35 cm langen und 2 cm breiten Wellpappestreifen.

Josef: Nimm eine kleine Pappolle umd male mit Deckfarben Gewand, Gesicht und Haare auf. Während die Farbe trocknet, bastelst du den *Hut:* Schneide aus Tonpapier eine Scheibe (ca. 8 cm Ø). Mit einem scharfen Messer halbierst du eine Papierkugel (5 cm Ø).

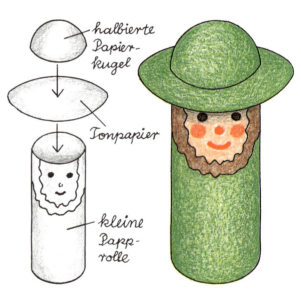

Die **Hirten** bastelst du genauso. Sie unterscheiden sich durch Bärte und Farben voneinander.

Klebe eine Hälfte auf die Scheibe. Male den Hut an, laß die Farbe trocknen und klebe ihn auf der Pappolle fest.

Für die *Krippe* wird eine kleine Papprolle längs halbiert. Schneide eine Hälfte als Fußteil so zurecht, wie du es auf der Zeichnung siehst. Male beide Teile an und klebe sie zusammen.

Maria: Für diese Figur brauchst du nur eine kleine Papprolle und Deckfarben.
Male ihr Gesicht und Haare auf. Sehr schön sieht es aus, wenn du das Kleid und den Umhang mit ähnlichen Farben anmalst.
Da die Figur keine Kopfbedeckung bekommt, male die Papprolle am Kopfende auch von innen an.

Das Kind in der Krippe: Schneide von der langen Papprolle (3 cm ⌀) ein etwa 6 cm langes Stück ab. Male Gesicht, Haare und Gewand auf. Vergiß die Innenseite nicht!

Die Heiligen Drei Könige: Aus zwei kleinen Papprollen schneidest du gleich große Zacken für die Kronen. Wenn du sie innen und außen mit Goldbronze anmalst, glitzern sie kostbar. Male den Königen Gesicht, Haare und Gewänder auf. Für den dritten König wird die *Krone* aus Gold- oder Silberpapier gebastelt. Schneide zwei etwa 10 cm lange Streifen zurecht und klebe sie über Kreuz in die Papprolle.

Die Engel: Damit sie verschieden groß sind, schneide die kleinen Papprollen unterschiedlich lang ab. Für die ganz kleinen Engel schneidest du von der langen Papprolle (3 cm ⌀) verschieden lange Stücke ab.
Wenn du die Rollen bemalt hast, bekommt jeder Engel noch einen „Haarreifen" aus Goldbronze. Schön sehen auch selbstklebende Sternchen aus.

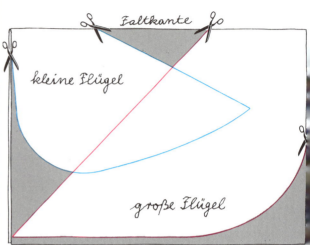

Für ein Paar *Flügel* faltest du ein Stück Gold- oder Silberpapier zur Hälfte. Übertrage das Pausmuster darauf, schneide die Form aus und klebe die Flügel an den Papprollenkörper.

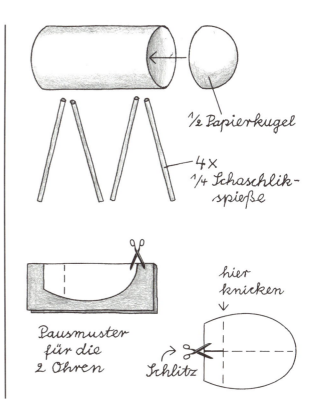

Die Schafe: Schneide pro Schaf etwa 4,5 cm von der langen Papprolle (3 cm ⌀) ab. Klebe als Kopf eine Papierkugel (3 cm ⌀) in eine Öffnung. Dann male alles an.

Solange die Farbe trocknet, bastelst du die *Ohren:* Falte zwei Stückchen weißes Tonpapier in der Mitte. Übertrage das Pausmuster darauf und schneide die Form aus. Bevor du die Ohren anklebst, wird die Klebefläche einmal geknickt und eingeschnitten.

Für die *Beine* brauchst du einen Holzschaschlikspieß, den du in vier gleich lange Stücke teilst. Bohre mit einer spitzen Schere vier Löcher in den Papprollenkörper und stecke die Beine so hinein, daß das Schaf gut stehen kann.

Ochse: Als Kopf klebst du eine Papierkugel (5 cm ⌀) und eine halbierte Papierkugel (3 cm ⌀) fest zusammen. Dann klebst du den Kopf in eine Öffnung einer kleinen Papprolle.

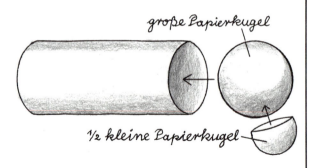

Rolle für die *Hörner* ein etwa 10 x 5 cm großes Stück graues Tonpapier der Länge nach zusammen. Knicke es zweimal und schneide die beiden Enden schräg ab.

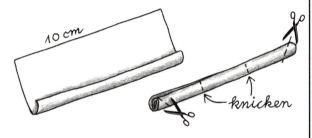

Die *Ohren* schneidest du aus braunem Tonpapier, das du einmal in der Mitte gefaltet hast.

Die Klebeflächen werden einmal geknickt und dreimal eingeschnitten.

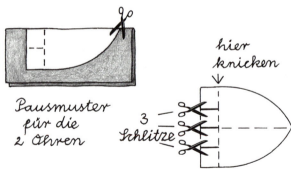

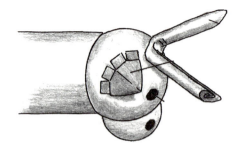

Für die *Beine* laß dir vom Rundholzstab (1 cm ⌀) etwa 8 cm lange Stücke absägen. Bohre mit einer spitzen Schere vier Löcher in den Papprollenkörper. Stecke die Beine so hinein, daß sie innen an die Rolle stoßen und gut stehen.

Male alles mit brauner Deckfarbe an und vergiß dabei das Innere der Papprolle nicht. Zum Schluß klebst du die Hörner, Ohren und den Schwanz aus einem Stück Paketschnur an.

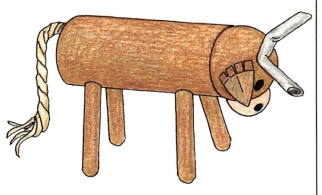

... und Esel: Für den Körper brauchst du ein 8 cm langes Papprollenstück (3,5 cm ∅), für den Hals ein 3 cm langes Papprollenstück (3 cm ∅) und für den Kopf eine Papierkugel (3 cm ∅).

Klebe den Kopf in die eine Öffnung der Halsrolle. Den Hals klebst du nun so in die Körperrolle, daß sich der Kopf nach unten neigt.

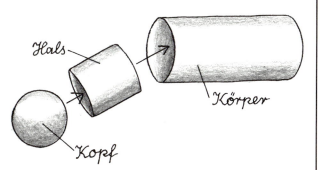

Die *Mähne* entsteht aus einem 5 x 4 cm großen Stück grauem Tonpapier. Falte es einmal längs und schneide im Bruch die Fransen ein (Pausmuster oben).

Das Pausmuster für die *Ohren* überträgst du zweimal auf graues Tonpapier, das du zur Hälfte gefaltet hast.

Als *Beine* läßt du dir vom Rundholzstab (0,5 cm ∅) etwa 8 cm lange Stücke absägen. Bohre mit einer spitzen Schere vier Löcher in die Körperrolle und stecke die Beine hinein.

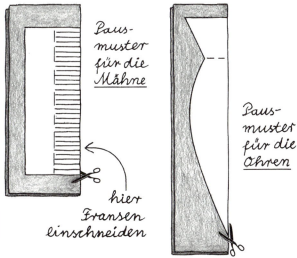

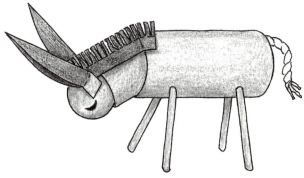

Male das Tier grau an. Dann klebst du noch Ohren, Mähne und einen Paketschnurschwanz an.

Register nach Altersstufen

Ab 3 Jahren

Abdrücke ✋	146
Alle meine Tiere ✋	220
Allerlei Tiere	141
Alles aus Blättern ✋	223
Bild mit Zuckerkreide	79
Bildchen	80
Blumen aus Papier	87
Blumenstempel	84
Fingerpuppen	77
Gespensterchen	76
Glaslaterne	259
Halskette ✋	79
Häuser ✋	106
Kleine Welt im Glas	86
Laternenlieder	234
Leuchtglas	80
Lichterspiel ✋	270
Osterwiese	63
Puzzle	84
Rechteckige Schachtel ✋	96
Rennwagen ✋	75
Schattentheater ✋	78
Schiffchen ✋	74
Schmucksteine	200
Schnappschnabel ✋	91
Sockenschlange	83
Spiele zu Ostern	71
Stadtmauer und Tor ✋	109
Steinkiste	125
Stern-Mobile	143
Tiermasken	83
Webbild	81
Wurfspiel	82

Ab 4 Jahren

Adventspäckchen	249
Allerlei Gestalten ✋	128
Augenklappe	12
Bäume	108
Buddelschiff	176
Bunte Ostereier ✋	64
Doppelschiff	100
Fingerpüppchen	197
Flatterball	121
Flatternde Bänder und Fahnen	178
Geldtasche	98
Gespensterflöte	39
Goldketten	16
Ketten ✋	156
Kirschkernspucken	116
Klatsche	92
Kürbisköpfe ✋	241
Mikado ✋	134
Minigarten	124

Mosaikbildchen	205
Murmeln	117
Noch mehr Geisterspiele	53
Osterblume	58
Piratenhut	11
Rassel ✋	163
Rindenschiff ✋	135
Sand- und Strandspiele	182
Schachtel mit Deckel	94
Schaurige Geräusche	40
Schiffe, Boote, Leuchtturm	172
Schmetterlings-Mobile	226
Segelschiff	102
Süße Schneebälle ✋	271
Trinkbecher	93
Trinkhalme mit Namen	12
Verkleiden und Schminken ✋	42
Windspiel	112

Ab 5 Jahren

Allerlei Gefäße	202
Angelspiel	197
Autos	191
Bananenpalme	14
Bärenstarkes T-Shirt ✋	114
Bastelbärs Glühpunsch ✋	271
Bäume ✋	130
Beil und Speer ✋	162
Bilderrahmen	144
Bogen ✋	159
Bunte Schmetterlinge	230
Bunter Schmuck	204
Buntstift-Aufstecker	200
Burgdamenhüte	28
Burgdüfte und Spürnase	36
Burgeroberung	33
Burggeheimnis	24
Burgherrenorden	34
Chamäleonsuche	120
Das schlürfen Geister ✋	50
Drachen-Schlemmer-Spieße ✋	30
Eine große bunte Krippe	279
Eine Kerze für den Heimweg	37
Einladung von Geisterhand ✋	38
Erlebnisschachteln	180
Fernglas und Fernrohr	171
Flaschenpost	10
Fliegende Schwalbe	105
Floß	134
Friedenspfeife	165
Fröhliches Schweinchen	234
Garderobenständer ✋	187
Gefüllte Gespenster	49
Gefüllte Sterne und Äpfel	254
Geschenkanhänger	151
Gespenster-Kegeln	52
Gruselgalerie	51
Gruselspinne	44
Hängebrücke	136
Hängematte	132
Häuptlingsschmuck	154
Haus ✋	128
Hefeteighasen ✋	60

Jedem Ritter seinen Becher	29
Kakteen und Blumen	142
Kettenhemd	28
Klammerhasen	57
Kleisterköpfe	238
Knusper-Knochen ✋	49
Köcher	160
Krippenfiguren aus Zapfen	276
Kugelhase	67
Landeinnahme mit Blasrohr	32
Landschaftsbilder	178
Leuchtender Hohlkopf ✋	48
Lustige Pappnasen	198
Magisches Fernrohr	217
Marienkäfer	233
Marionetten ✋	131
Monsterlampe	47
Naturkrippe mit Astfiguren	274
Ostergrüße	56
Osternachtisch ✋	62
Pappmaché-Hase ✋	68
Partyteller-Lampions	236
Pfeile ✋	160
Pferd ✋	158
Piraten auf dem Finger	23
Piratenschiffe zum Essen ✋	15
Platzsuche auf Geisterart	38
Regal	136
Riesenameise	45
Ritter Leopolds Krafttrunk ✋	29
Ritterburger	32
Ritterhelm ✋	25
Schattenspuk ✋	46
Schatzkiste	18
Schatzsuche ✋	16
Schiffe ✋	189
Schlange ✋	130
Schlüsselanhänger	175
Schmetterlinge	102
Schmetterlinge fangen	122
Schneemann- und Engelsgrüße ✋	261
Schneemann-Kalender	244
Schwan	99
Schwert und Schild ✋	26
Setzkasten	179
Sonnenblumenbrötchen ✋	118
Sonnenschild	170
Spieldörfer ✋	192
Spielfiguren	148
Sterne, Sterne, Sterne	264
Sternenlichter	263
Stirnband	155
Strandmobile	183
Tabaksbeutel	166
Tannenbaum-Kalender	245
Tannenbaumkarte ✋	260
Tanzende Engel	268
Tiereier	65
Tierketten	70
Trommel	164
Überraschungsnikolaus	258
Überraschungspalme	21
Überraschungswichtel ✋	248
Vogel Flieg	232
Vogelhaus-Kalender	252
Wasserrad ✋	190
Werkbank ✋	186
Wettsegeln ✋	19
Wurf- und Fangtrichter	113
Zappelgespenst	43
Zauberfisch	216
Zauberkrone	210
Zauberumhang	211
Zierkorken	204
Zimmerschmuck	59
24 kleine Knusperzwerge ✋	250

Ab 6 Jahren

Der Flaschenkobold	214
Geheimschachteln	201
Geisterschachteln	215
Kaufmannsladen	206
Magnethefter	150
Meine Zauberpalme	211
Schmuck	147
Schwebender Zauberstab	213

Für Kindergruppen

Adventspäckchen	249
Burgdüfte und Spürnase	36
Burgeroberung	33
Chamäleonsuche	120
Eine große bunte Krippe	279
Gefüllte Sterne und Äpfel	254
Gespenster-Kegeln	52
Gruselgalerie	51
Kleisterköpfe	238
Kirschkernspucken	116
Landeinnahme mit Blasrohr	32
Mikado	134
Murmeln	117
Noch mehr Geisterspiele	53
Pappmaché-Hase	68
Sand- und Strandspiele	182
Schatzsuche	16
Schmetterlinge fangen	122
Spiele zu Ostern	71
Steinkiste	125
Sterne, Sterne, Sterne	264
Überraschungspalme	21
Überraschungswichtel	248
Verkleiden und Schminken	42
Vogelhaus-Kalender	252
Wettsegeln	19

Bitte bei den mit ✋ gekennzeichneten Bastelarbeiten einen Erwachsenen um Hilfe.

Quellen-nachweis

Die Beiträge stammen aus folgenden Ravensburger Bastelbärheften:

Almuth Bartl/Jan Birck: Gruselparty.
Kinderfest für kleine Geister
© 1996 Ravensburger Buchverlag
Otto Maier GmbH
Seiten 38 – 53 (nur Text)

Sabine Cuno/Kirsch & Korn:
Weihnachtskrippen
© 1996 und 1993 Ravensburger
Buchverlag Otto Maier GmbH
Seiten 273 – 285

Dorothea Cüppers: Alles aus
Papiermaché
© 1995 Ravensburger Buchverlag
Otto Maier GmbH
Seiten 195 – 207

Dorothea Cüppers: Lustige Geschenke
aus Salzteig
© 1994 Ravensburger Buchverlag
Otto Maier GmbH
Seiten 139 – 151

Elke Dannecker/Doris Rübel:
Mein Weihnachtsheft
© 1996 Ravensburger Buchverlag
Otto Maier GmbH
Seiten 257 – 271

Elisabeth Gloor/Christl Burggraf:
Basteln mit Holz
© 1997 und 1993 Ravensburger
Buchverlag Otto Maier GmbH
Seiten 185 – 193

Elisabeth Gloor/Christl Burggraf:
Für kleine Indianer
© 1996 und 1989 Ravensburger
Buchverlag Otto Maier GmbH
Seiten 153 – 167

Elisabeth Gloor/Christl Burggraf:
Mein Waldbastelheft
© 1995 und 1994 Ravensburger
Buchverlag Otto Maier GmbH
Seiten 127 – 137

Barbara Grijpink: Allererstes Basteln
für Kinder ab 3 Jahren
© 1997 Ravensburger Buchverlag
Otto Maier GmbH
Seiten 73 – 87

Barbara Grijpink: Kastanien, Eicheln ...
© 1994 und 1988 Ravensburger
Buchverlag Otto Maier GmbH
Seiten 219 – 227

Gisela Härter/Christl Burggraf:
Adventskalender zum Selbermachen
© 1997 Ravensburger Buchverlag
Otto Maier GmbH
Seiten 243 – 255

Bertrun Jeitner-Hartmann/Dorothea
Cüppers: Bastelspaß am Meer
© 1996 und 1993 Ravensburger
Buchverlag Otto Maier GmbH
Seiten 169 – 183

Martin Michalski/Christl Burggraf:
Hokuspokus – Zauberspaß
© 1995 und 1992 Ravensburger
Buchverlag Otto Maier GmbH
Seiten 209 – 217

Ulla Minje/Ekkehard Drechsel:
Lustiges Papierfalten
© 1997 Ravensburger Buchverlag
Otto Maier GmbH
Seiten 89 – 109

Monika Neubacher-Fesser:
Basteln und Spielen im Freien
© 1995 Ravensburger Buchverlag
Otto Maier GmbH
Seiten 111 – 125

Monika Neubacher-Fesser:
Mein Osterbastelheft
© 1996 Ravensburger Buchverlag
Otto Maier GmbH
Seiten 55 – 71

Monika Neubacher-Fesser: Piratenfest.
Kinderparty für kleine Seeräuber
© 1995 und 1994 Ravensburger
Buchverlag Otto Maier GmbH
Seiten 10 – 23

Ines Radionow/Cornelia Funke:
Ritterparty. Kinder feiern ein Burgfest
© 1997 Ravensburger Buchverlag
Otto Maier GmbH
Seiten 24 – 37

Ulrike Teiwes-Verstappen/Achim
Ahlgrimm: Mein Laternenheft
© 1994 Ravensburger Buchverlag
Otto Maier GmbH
Seiten 229 – 241

Cornelia Funke-Frahm:
Bastelbär-Grafiken
© 1997, 1996, 1995, 1994 Ravensburger Buchverlag Otto Maier GmbH

Martin Birmele: Fotos
© 1997 und 1993 Ravensburger
Buchverlag Otto Maier GmbH
Seiten 185, 187, 191, 193

Barbara Bräuning: Fotos
© 1995 und 1992 Ravensburger
Buchverlag Otto Maier GmbH
Seiten 209, 211, 215

Jürgen Buchters: Fotos
© 1995 und 1994 Ravensburger
Buchverlag Otto Maier GmbH
Seiten 127, 129, 133, 137

Ernst Fesseler: Fotos
© 1997, 1996, 1994 Ravensburger
Buchverlag Otto Maier GmbH
Seiten 41, 47, 51, 89, 93, 97, 103, 107,
139, 141, 145, 149, 243, 244, 247, 251,
255, 257, 259, 265, 269, 270

Barbara Grijpink: Fotos
© 1997 Ravensburger Buchverlag
Otto Maier GmbH
Seiten 73, 75, 77, 79, 81, 85, 86

Jens Nagels: Fotos
© 1995 Ravensburger Buchverlag
Otto Maier GmbH
Seiten 195, 199, 203, 207

Monika Neubacher-Fesser: Fotos
© 1996, 1995, 1994 Ravensburger
Buchverlag Otto Maier GmbH
Seiten 13, 17, 21, 55, 57, 61, 65, 69, 71,
111, 115, 119, 123

Ulrike Schneiders: Fotos
© 1996, 1994, 1993, 1989 und 1988
Ravensburger Buchverlag Otto Maier
GmbH
Seiten 153, 157, 161, 163, 167, 169,
173, 177, 181, 183, 219, 221, 227, 273,
277, 282, 283

Michael Wehrle: Fotos
© 1997 Ravensburger Buchverlag
Otto Maier GmbH
Seiten 9, 27, 31, 35

Manfred Wigger: Fotos
© 1994 Ravensburger Buchverlag
Otto Maier GmbH
Seiten 229, 233, 237, 239

Wir danken den Urhebern und
folgendem Verlag für die freundliche
Abdruckgenehmigung:

Fredrik Vahle: "Advent, Advent" S. 253
aus: "Weihnachtsgrüße" © Middlehauve
Verlags GmbH, München